IRISH GRAMMAR BOOK

IRISH GRAMMAR BOOK

Nollaig Mac Congáil

Cló Iar-Chonnachta
Indreabhán
Conamara

An Chéad Chló 2004
An Dara Cló 2005
An Tríú Cló 2006
An Ceathrú Cló 2008
An Cúigiú Cló 2009

© Nollaig Mac Congáil 2004

ISBN 1 902420 49 7
978-1-902420-49-3

Dearadh clúdaigh: Pierce Design
Dearadh: Foireann CIC

Faigheann Cló Iar-Chonnachta cabhair airgid
ón gComhairle Ealaíon.

Clóchur: Cló Iar-Chonnachta, Indreabhán, Conamara
   Teil: 091-593307 **Facs:** 091-593362 **r-phost:** cic@iol.ie
Priontáil: Clódóirí Lurgan, Indreabhán, Conamara
   Teil: 091-593251/593157

CONTENTS

Do Tharlach, fear an chruinnis.

INTRODUCTION

Since Irish is a highly inflected and idiomatic language, it presents a great challenge for learners. In addition, when one considers the history of the language, its descent into widely-differing dialects, its release from a standard, unifying form for centuries and the history of Irish literacy, it is small wonder that Modern Irish Grammar presents major problems for those who engage with it at any level. However, Irish Grammar is a *malum necessarium* if the Irish language is to be learned and used as a precise and effective communication tool.

Over the centuries people have attempted to explain and present Irish Grammar in a multiplicity of different manners, depending on their own educational background and experience, and also that of their intended audience. Many of us are familiar with the most successful and authoritative of the reference works published in the last century, namely, *Gramadach na Gaeilge: an Caighdeán Oifigiúil, Réchúrsa Gramadaí,* and *Graiméar Gaeilge na mBráithre Críostaí.* A lot of time has elapsed since those works were first published and major changes have since occurred in Irish society, in matters relating to the Irish language and to pedagogy in general. Most significantly, Niall Ó Dónaill's *Foclóir Gaeilge-Béarla,* which appeared in 1977, is the single, largest and most widely consulted corpus of authoritative Irish in existence. Consequently, this should be the one source for Irish grammar.

As one who has taught Irish for many decades to many different audiences from varying linguistic backgrounds, with different intellectual levels and with disparate motivation, I believe that, in the case of most learners, no effective, text-based teaching of any language can be achieved except through the medium which they understand. Most students of Irish, whether from Ireland or from Anglophone countries, speak English and are educated through that medium. It is only logical that they be taught Irish through English. Grammar is, for most learners, hard to digest. To administer it with a shovel makes the digestion process even more difficult. This book therefore is written in English. There is an Irish version of it which appeared in 2002 and that version addresses the needs of those who are educated through or already have a mastery of Irish. The grammatical rules contained in this grammar are based on those contained in Niall Ó Dónaill's *Foclóir Gaeilge-Béarla* and are presented in a clear, concise and understandable manner in order to make the material as palatable as possible. This presentation of Irish grammar reflects the genesis of this work, as it was originally an integral part of *Speakwrite*, a successful speech based computer aid to language learning, which was developed at National University of Ireland, Galway, a decade ago.

Ba mhaith liom mo bhuíochas a chur in iúl do roinnt daoine a chuidigh liom agus an saothar seo á ullmhú agam thar na blianta: do Mhichael Bharry Ó Flathartha, Feidhmeannach Teanga, Áras Mháirtín Uí Chadhain, an Cheathrú Rua Ollscoil na hÉireann, Gaillimh, d'fheidhmeannaigh teanga agus do mhúinteoirí Gaeilge eile in Ionad na Gaeilge Labhartha, Ollscoil na hÉireann, Gaillimh agus do Ghearóid Ó Casaide, M.A., Príomh-Aistritheoir i Rannóg an Aistriúcháin, Teach Laighean, as a chomhairle agus a chuidiú maidir le cúrsaí gramadaí i gcaitheamh na mblianta. Tá mé iontach buíoch fosta d'fhoireann Chló Iar-Chonnachta as a gcuidiú le réiteach an leabhair seo. Má tá aon locht ar an ngraiméar seo, mé féin amháin is ciontaí leis, gan amhras.

Nollaig Mac Congáil
Ollscoil na hÉireann, Gaillimh
n.maccongail@nuigalway.ie

GUIDELINES

IRISH ALPHABET

The basic Irish alphabet consists of the following letters:

a b c d e f g h i l m n o p r s t u

The other letters of the English alphabet:

j k q v w x y z

are sometimes used in foreign loan words or in mathematical or scientific terminology. They never undergo any change.

IRISH DIALECTS

Although it is an oversimplification of the matter, it is generally accepted that there are three main dialects of spoken Irish:

Ulster, Connaught and Munster.

There are, of course, subdialects within these three but such internal subdivisions are not generally alluded to here.

Some of the major differences between these dialects affect stress and pronunciation but, since this reference grammar does not include any such dimension, they are not referred to.

Major differences in forms, grammatical rules, syntax and idioms are, however, highlighted.

INITIAL MUTATIONS

Under certain circumstances the initial letter of a word in Irish can change in one of four ways, depending on what letter it is, what precedes it or what grammatical function the word to which it belongs serves.
The following is a list of the four ways and the initial letters affected:

> **lenition** of consonants
> **eclipsis** of consonants and vowels
> t before vowels and s
> h before vowels

These initial changes or mutations are a distinctive feature of Celtic languages and can pose some difficulties initially for learners of Irish.

Lenition

Lenition is the term used to refer to one of the initial mutations of consonants in Irish. The less-correct term **aspiration** is also used. The Irish word for lenition is **séimhiú.**

Lenition affects the following consonants only:

b	→	bh
c	→	ch
d	→	dh
f	→	fh
g	→	gh
m	→	mh
p	→	ph
s	→	sh
t	→	th

The remaining consonants cannot be lenited. Vowels cannot be lenited.

Eclipsis

Eclipsis is the term used to refer to another of the initial mutations of both consonants and vowels in Irish. The term **nasalization** is also used.

The Irish word for eclipsis is **urú.**

14

Eclipsis affects the following **consonants** only:

b	→	mb
c	→	gc
d	→	nd
f	→	bhf
g	→	ng
p	→	bp
t	→	dt

The remaining consonants cannot be eclipsed.

Eclipsis affects all vowels in the same way:

a	→	n-a
e	→	n-e
i	→	n-i
o	→	n-o
u	→	n-u

t before VOWELS and s

t (with **hyphen** except when following vowel is a **capital letter**) can be prefixed to initial vowels or s without hyphen:

t-a	tA
t-e	tE
t-i	tI
t-o	tO
t-u	tU
ts	

h before VOWELS

h can be prefixed to initial vowels only:

ha
he
hi
ho
hu

During the course of this work frequent reference will be made to these initial mutations and what causes them.

Consonants
Broad and Slender Consonants

Each consonant has two qualities in Irish: **broad** (= non-palatalized, **leathan** in Irish); **slender** (= palatalized, **caol** in Irish).
Generally speaking, a consonant is said to be **broad** if it is preceded or followed by a **broad** vowel (a / á, o / ó, u / ú) and **slender** if it is preceded or followed by a **slender** vowel (e / é, i / í):

póg	both p and g are broad.
focal	f, c and l are all broad.
feoil	both f and l are slender.
deifir	d, f and r are all slender.
bean	b is slender and n is broad.

Vowels
Long and Short Vowels

Each vowel has two values in Irish: **short** and **long**:

short vowels:	a, e, i, o, u
long vowels:	á, é, í, ó, ú

Slendering and Broadening

Slendering means making a consonant **slender** which normally entails simply inserting an - i - before it:

bád	→	báid
asal	→	asail

Sometimes, however, this involves a change to the preceding vowels as well along the following lines:

a	-* ea -	→	- i -	fear	→	fir
	-* ea -	→	- i -	ceann	→	cinn
	- io -	→	- i -	fionn	→	finn
b	- éa -	→	- éi -	éan	→	éin
	- éa -	→	- éi -	béal	→	béil
	-* ia -	→	- éi -	iasc	→	éisc

16

c	- ío	→	- í -	síol	→	síl

d   in polysyllabic words and some monosyllabic words:

				bacach	→	bacaigh
- (e)ach	→	- (a)igh		aonach	→	aonaigh
				oifigeach	→	oifigigh
- íoch	→	- ígh		beithíoch	→	beithígh

[*NOTE: there are some exceptions to these rules.]

Broadening means making a consonant **broad** which normally entails simply removing the -i- before it:

máthair	→	máthar
abhainn	→	abhann

Sometimes, however, this involves a change to the preceding vowels, along the following lines:

- ei -	→	- ea -	greim	→	greama
- i -	→	- ea -	mil	→	meala
- i -	→	- ea -	binn	→	beann
- éi -	→	- éa -	báicéir	→	báicéara
- ui -	→	- o -	cuid	→	coda
- í -	→	- ío -	feadaíl	→	feadaíola

Syncopation

Syncopation means simply removing one or more vowels or a syllable from the middle of a word for specific grammatical reasons.

cabhair	→	cabhrach
obair	→	oibre

Word Order in Irish Sentences

Generally speaking, the word order in a simple sentence in Irish is:

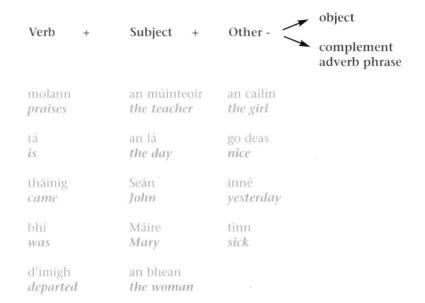

Verb +	**Subject** +	**Other** -
molann *praises*	an múinteoir *the teacher*	an cailín *the girl*
tá *is*	an lá *the day*	go deas *nice*
tháinig *came*	Seán *John*	inné *yesterday*
bhí *was*	Máire *Mary*	tinn *sick*
d'imigh *departed*	an bhean *the woman*	

NOTE: in English the normal pattern is:

Subject +	**Verb** +	**Other**
I	*saw*	*something*
It	*was*	*lovely*
The man	*sold*	*the dog yesterday*

The **verb** in Irish is preceded by verbal particles (e.g. negative ní, ná, interrogative an, nach), conjunctions (e.g. dá, má, nuair), interrogative pronouns (e.g. cé, cad), interrogative adjectives (e.g. cá), interrogative adverbs (e.g. cathain), relative particles (e.g. a(r)) etc:

	VERB	+ SUBJECT	+ OTHER
ní *not*	itheann *eats*	an cailín *the girl*	feoil *meat*
an *?*	dtéann *goes*	an fear *the man*	amach? *out?*
má *if*	ólann *drinks*	an cat *the cat*	an bainne *the milk*
nuair a *when*	ghoid *stole*	an gadaí *the thief*	an t-airgead *the money*
cé a *who*	ghoid *stole*		an t-ór? *the gold?*
cad a *what*	dúirt *said*	an t-amadán? *the fool?*	
cathain a *when*	tháinig *came*	sé *he*	abhaile? *home?*

This normal word order can sometimes be altered for special reasons, e.g. emphasis:

inné a *yesterday*	tháinig *came*	sé! *he!*
ag magadh a *joking*	bhí *was*	sí! *she!*

THE DEFINITE ARTICLE

There is no **indefinite article** in Irish. The noun standing alone constitutes an indefinite noun:

fear = *a man*   bean = *a woman*   báisteach = *rain*

There are two forms of the **definite article** in Irish: an and na.

an ⌐ is used only in the singular
   | is used in nom./acc., gen. and dat. cases with masculine nouns
   └ is used in nom./acc. and dat. cases with feminine nouns

na ⌐ is used in gen. singular with feminine nouns
   └ is used always in the plural with masculine and feminine nouns

Masculine		Feminine	
fear	*a man*	bean	*a woman*
an fear	*the man*	an bhean	*the woman*
na fir	*the men*	na mná	*the women*

SINGULAR FORM OF ARTICLE

Nom./Acc. Singular of the Definite Article

MASCULINE DEFINITE NOUNS

t- is prefixed to initial vowel of masculine nouns; initial consonants are not affected:

an cat	an t-asal
an bád	an t-éan
an teach	an t-uan

Feminine Definite Nouns

Initial consonants of feminine nouns are lenited; initial vowels are not affected:

an bhean	an eaglais
an chistin	an aisling
an fharraige	an uirlis

Exceptions:
Initial d, t remain unaffected:

an dallóg	an tine

t is prefixed to nouns whose initial letter is s followed by a vowel, or sl, sn, sr followed by a vowel.

an tseilf	an tsrón

Genitive Singular of the Definite Article

Masculine Definite Nouns

Initial consonants of masculine nouns are lenited; initial vowels are not affected:

hata an fhir	cluasa an asail
cóta an mhic	cleite an éin

Exceptions:
Initial d, t remain unaffected:

bun an dorais
ballaí an tí

t is prefixed to nouns whose initial letter is s followed by a vowel, or sl, sn, sr followed by a vowel:

cistin an tsagairt   fad an tslabhra

Feminine Definite Nouns

Form of the feminine definite article na
h is prefixed to initial vowel of feminine nouns; initial consonants are not affected:

hata **na** mná	bun **na** habhann
solas **na** tine	trasna **na** farraige

Dative Singular of the Definite Article

Initial consonants are eclipsed and initial vowels remain unaffected after the following prepositions + article:

ag an, ar an, as an, chuig an, faoin, leis an, ón, roimh an, thar an, tríd an, um an

ag **an** ngeata	leis **an** mbata
ar **an** gcathaoir	ón iasc

Exceptions: Initial d, t remain unaffected:

ag an doras	ar an tine

t is prefixed to feminine nouns whose initial letter is s followed by a vowel, or sl, sn, sr followed by a vowel:

ar **an** tsráid	ón tseilf

Initial consonants are lenited and initial vowels remain unaffected after the following prepositions + article: den, don, sa(n):

den bhord	sa chistin
don bhuachaill	san fharraige
don uan	

Exceptions: Initial d, t remain unaffected:

den diallait	don doras	sa tine

t is prefixed to feminine nouns whose initial letter is s followed by a vowel, or sl, sn, sr followed by a vowel:

sa tsráid	den tseilf

NOTE: some prepositions combine with the definite article (an) in the dative singular:

de → den   do → don   faoi → faoin
i   → sa (san before a vowel or f + vowel) ó   → ón

NOTE: the norm in Ulster dialects of Irish is for all prepositions which are followed by the dative case to affect the initial letter of the definite noun in exactly the same way as happens after den, don, sa(n) with one small addition, viz. t is prefixed to feminine nouns and masculine nouns whose initial letter is s followed by a vowel, or sl, sn, sr followed by a vowel:

ag an gheata   ón fhear   ar an tsagart

NOTE: there are other variations of the above rules in different dialects.

PLURAL FORM OF ARTICLE

Nom./Acc./Dat. Plural Of The Definite Article

Form of the definite article na
h is prefixed to initial vowel of nouns; initial consonants are not affected:

na cait   na hasail
na báid   na héin
sna tithe   ar na huain

Genitive Plural Of The Definite Article

Initial consonants and vowels are eclipsed:

hataí na bhfear   cluasa na n-asal
bainne na gcat   ceol na n-éan
teas na dtinte   dath na n-úll

GENERAL SUMMARY OF FORMS OF THE DEFINITIVE ARTICLE

	Singular		Plural
	Masc.	Fem.	Both Genders
nom. / acc.	an	an	na
gen.	an	na	na
dat.	an*	an	na†

* Some prepositions combine with the definite article (an) in the dative singular:

de → den	do → don	faoi → faoin
i → sa (san before a vowel or f+ vowel)		ó → ón

† The preposition i combines with the plural article na to give sna.

WHEN TO USE THE DEFINITIVE ARTICLE

The most common use of the *definite* article is to make an *indefinite* noun definite:

fear	*a man*	an fear	*the man*
bean	*a woman*	an bhean	*the woman*
páistí	*children*	na páistí	*the children*
uain	*lambs*	na huain	*the lambs*

It is used with the **demonstratives** seo, sin and úd to translate the English this, that, these and those:

an fear seo	*this man*	an cnoc úd	*that* = yonder *hill*
an lá sin	*that day*	na daoine sin	*those people*

It is often used with the names of countries, continents, rivers and towns:

an Fhrainc	*France*	an Afraic	*Africa*
an Iodáil	*Italy*	an tSionainn	*the Shannon*
an Eoraip	*Europe*	an Daingean	*Dingle*

It is generally used with the names of languages:

an Ghaeilge	the *Irish* language
an Rúisis	the *Russian* language
an Ghearmáinis	the *German* language

It is generally used with **titles**:

an **Dochtúir** Mac Aodha	*Doctor Mc Hugh*
an **tAthair** Peadar	*Father Peter*

It is often used with the days of the week and certain months, festivals and seasons of the year:

(ar) an Domhnach	*(on) Sunday(s)*
an t-earrach	*spring*
(ar) an Luan	*(on) Monday(s)*
an samhradh	*summer*
lár na Bealtaine	*the middle of May*
an fómhar	*autumn*
an Cháisc	*Easter*
an geimhreadh	*winter*

It is used before iomad, iomarca, oiread, uafás, sluaite, céadta etc:

an **iomad** airgid	*too much money*
an **iomarca** céille	*too much sense*
an **oiread** sin daoine	*so many people*
an **t-uafás** oibre	*a huge amount of work*
na **sluaite** daoine	*crowds of people*

It usually occurs between cé and cad é followed by a noun:

cén t-am é?	*what time is it?*
cad é an rud é sin?	*what is that thing?*
cé na daoine iad sin?	*who are those people?*

It is sometimes used with certain abstract nouns:

an grá	*love*	an ceol	*music*

It is used before uile when it isn't preceded by gach:

an uile sheachtain	*every week*
an uile dhuine	*everybody*
an uile fhocal	*every word*

NOTE: the vowel of the singular, definite article is dropped when the latter merges with certain words which end in a vowel:

cén	(cé + an)
den	(de + an)
don	(do + an)
faoin	(faoi + an)
ón	(ó + an)

THE DOUBLE ARTICLE

Where there occurs a double definite article in English and the second noun has a genitive relation with the first noun, only **one** definite article – **the second** – is permitted in Irish. The first noun is treated as an indefinite noun. In other words, a noun qualified by a definite noun cannot itself take a definite article.

hata an fhir	*the hat of the man*
bean an tí	*the woman of the house*
muintir na cathrach	*the inhabitants of the city*
i lár na sráide	*in the middle of the street*

NOTE: this rule also applies to certain instances where a definite article occurs in Irish but not in English.

muintir na hÉireann	*the people of Ireland*
cathracha na Fraince	*the cities of France*

This rule also applies when the second noun is not preceded by the definite article but by a possessive adjective or gach.

doras gach tí	*the door of every house*
fuinneoga a seomra	*the windows of her room*

NOUNS

GENDER OF NOUNS

There are two genders in Irish, **masculine** and **feminine**. Those nouns which are neuter in English are either masculine or feminine in Irish. The obvious gender of a noun in English does not necessarily mean that that noun will be of the same gender in Irish:

> cailín meaning girl is a masculine noun in Irish,
> stail meaning stallion is a feminine noun in Irish.

Because of the great importance of the gender of Irish nouns, the gender must always be established. The best way to do this is to consult a dictionary.

GUIDE TO GENDER OF NOUNS

The following *general* guidelines may be of some assistance.

The names of *most* continents, countries and rivers are **feminine**.

chun na hAfraice	*to Africa*
chun na Fraince	*to France*
trasna na Sionainne	*across the Shannon*
muintir na Rúise	*the people of Russia*
i lár na Spáinne	*in the middle of Spain*

The names of languages are ***mostly* feminine**:

an Ghaeilge	*Irish*
an Fhraincis	*French*
an Rúisis	*Russian*
an Spáinnis	*Spanish*

Exception:

an Béarla	*English*

Masculine Nouns

The actual ending of a noun often gives a good indication as to its gender.

Nouns which have the following endings are *usually* masculine:

- (e)adh	cuireadh, geimhreadh, samhradh
- (a)í	ceannaí, leabharlannaí, sclábhaí, rúnaí
- án	arán, bradán, meascán, cnapán
- ch	cléireach, coileach, fathach, oifigeach, coimhthíoch
- éad	buicéad, céad, lipéad, paicéad
- éal	buidéal, ospidéal, scéal
- éan	éan, fíréan
- eál	seál, muineál
- éar	coiléar, féar, móinéar, páipéar
- éir	báicéir, siúinéir, tincéir
- eoir / óir	bádóir, cladóir, feirmeoir, múinteoir
- ín	báisín, cailín, cillín, púirín
- (i)úir	saighdiúir, táilliúir
- s **broad**	bus, cleas, costas, fios
- ún	botún, colún, oinniún, príosún
- úr	casúr, colúr, pictiúr, rásúr

Feminine Nouns

Nouns which have the following endings are *usually* feminine:

- (a)íl	béicíl, feadaíl, osnaíl
- (e)áil	sábháil, tarrtháil
- (a)ilt	meilt, oscailt
- (a)int	caint, seachaint
- áint	tiomáint
- (a)íocht	filíocht, eagraíocht, litríocht, siamsaíocht
- aois / ís	calaois, gaois, mailís, coicís
- chan	athbheochan
- (a)irt	bagairt, imirt
- (e)ach	báisteach, gríosach
- (e)acht	Gaeltacht, gluaiseacht, mallacht
- úil	barúil
- úint	canúint
- lann	amharclann, bialann, leabharlann
- eog / óg	bábóg, bróg, cuinneog, fuinneog

THE SINGULAR AND PLURAL OF NOUNS

Sometimes in Irish the **singular** form is used for a **plural noun.**

The following are some examples of the occasions when this happens:

i often after **cardinal numbers**:

trí lá	*three days*
fiche uair	*twenty times*
seacht n-oíche	*seven nights*
céad capall	*a hundred horses*

ii with certain nouns in the **genitive plural**:

hataí na bhfear	*the men's hats*
ag glanadh na bhfuinneog	*cleaning the windows*

iii after cá mhéad:

cá mhéad duine?	*how many people?*
cá mhéad uair?	*how many times?*

iv after is iomaí:

is iomaí fear	*many men*
is iomaí uair	*many times*

v after cúpla:

cúpla lá	*a few days*
cúpla pingin	*a few pennies*

THE CASES OF NOUNS

The **noun** in Irish has *four* cases:

i	**nominative/accusative**
ii	**genitive**
iii	**dative**
iv	**vocative**

i Nominative / Accusative

For all practical purposes, the **nominative** and **accusative** cases are the same in Irish.

A noun is said to be in the **nominative** case if *it is the subject of a sentence/verb*:

d'imigh an **cailín** abhaile	*the girl went home*
tháinig an **múinteoir** isteach	*the teacher came in*
d'ith an **bhean** a bricfeasta	*the woman ate her breakfast*

A noun is said to be in the **accusative** case if *it is the direct object of a verb*:

d'ith siad a **ndinnéar**	*they ate their dinner*
cheannaigh sé an **teach**	*he bought the house*

A noun is said to be in the **nominative** case when it is preceded by: gan, go dtí, idir, ná, seachas:

gan an t-airgead	*without the money*
idir an bun agus an barr	*between the bottom and the top*
go **dtí** an chistin	*to the kitchen*
is fearr anois **ná** an t-am sin	*now is better than that time*
duine eile ar fad **seachas** an fear seo	*someone else entirely apart from this man*

ii Genitive

A noun is *usually* said to be in the **genitive** case in Irish if:

a it is the direct object of a verbal noun:

ag déanamh na **hoibre**	*doing the work*
ag moladh na **mná**	*praising the woman*
ag ceannach **dí**	*buying a drink*

b it is preceded by a **compound preposition** of which the following
  are some of the most common:

> ar aghaidh, ar chúl, ar feadh, ar fud, ar lorg, ar son, de bharr, de réir,
> faoi choinne, go ceann, i lár, i measc, i ndiaidh, i rith, in aghaidh,
> le haghaidh, le linn, os cionn, os coinne, os comhair, tar éis.

ar feadh an **lae**	*during the day*
ar son na h**Éireann**	*for Ireland*
i lár na **hoíche**	*in the middle of the night*
i rith na **seachtaine**	*during the week*
tar éis an **lóin**	*after the lunch*

c it is preceded by such words as chun, trasna, timpeall, fearacht,
  dála:

chun na **cathrach**	*to the city*
trasna na **sráide**	*across the street*
timpeall na **háite**	*around the place*
fearacht **fir uasail**	*in the manner of a gentleman*
dála an **scéil**	*by the way*

d it is preceded by words which denote indefinite quantity such as:

> a lán, an iomad, barraíocht, beagán, cuid, dóthain, go leor, mórán,
> níos lú, níos mó, oiread, roinnt, sá, tuilleadh etc:

a lán **airgid**	*a lot of money*
barraíocht **oibre**	*excess work*
roinnt **ama**	*some time*
go leor **codlata**	*enough sleep*

e it is governed by another noun which precedes it (with the article, a
  poss. adj. or gach sometimes intervening). Very often this is referred
  to as the case of possession or ownership, usually corresponding to
  the English possessive *'s* or *of the*:

> the man**'s** coat / the coat *of the* man:

siopa **Sheáin**	*John's shop*
cóta (na) **mná**	*a / the woman's coat*
clár **urláir**	*a floor board*
páiste **scoile**	*a school child*
fear an **tí**	*the man of the house*

NOTE: a noun is in the **genitive plural** when preceded by the words dís, péire, dosaen:

dís **bhan**	*two women*
péire **bróg**	*a pair of shoes*
dosaen **uibheacha**	*a dozen eggs*

NOTE: the above rules have been simplified out of necessity. More detailed rules concerning the above are found elsewhere in this grammar.

iii Dative

A noun is said to be in the **dative** case in Irish if it is preceded by the following common, simple prepositions:

ag, ar, as, chuig, de, do, faoi, go, i, le, ó, roimh, thar, trí, um

ag an **ngeata**	*at the gate*
ar an **gcathaoir**	*on the chair*
ar mo bhealach go **hÉirinn**	*on my way to Ireland*
roimh an **bhfear**	*before the man*
thar an **gclaí**	*over the fence*

iv Vocative

A noun, usually a person, which is the object of direct address (i.e. a statement, question or order) is said to be in the **vocative** case:

tá mé tinn, a **Mháire**	*I am sick, Mary*
tar anseo, a **chara**!	*come here, friend!*
dún an doras, a **Sheáin**!	*close the door, John!*
an bhfuil sibh réidh, a **chailíní**?	*are you ready, girls?*
an ndearna sibh an obair fós, a **fheara**?	*have you done the work yet, men?*

NOTE: a noun in the vocative case is ***always*** preceded by the leniting particle a.

DECLENSIONS OF NOUNS

There are *five* declensions in Irish and all nouns, with the exception of a very few, belong to one of these declensions.

First Declension Nouns

All the nouns in this declension are masculine and end in a broad consonant.

They tend to end in: - án, - ch masc., - éad, - éal, - éan, - éar, - s, - ún, - úr and - adh except when derived from a verb in the case of the last ending.

GENITIVE SINGULAR

In the **genitive** singular, the final consonant is made **slender** which generally means simply inserting an - i - before the final consonant:

bád → báid   arán → aráin   casúr → casúir

The noun mac → mic is an exception.

Sometimes making the final consonant **slender** involves certain vowel changes within the noun:

i	- ea - →	- i -	fear	→	fir	peann →	pinn
ii	- éa - →	- éi -	béal	→	béil		
	- ia - →	- éi -	iasc	→	éisc		
iii	- ío - →	- í -	síol	→	síl	míol →	míl
iv	- ach →	- aigh	bacach	→	bacaigh		
	- each →	- igh	oifigeach	→	oifigigh		
	- íoch →	- ígh	gaiscíoch	→	gaiscígh *(in polysyllabic words)*		

NOTE: there are exceptions to the above rules.

Vocative Singular

The **vocative** case in the singular is usually formed in the same way as the genitive case, remembering that the vocative particle a followed by lenition must precede the noun:

> a fhir!   a oifigigh!   a gharsúin!

Collective nouns or terms of endearment are not usually made slender in the vocative case:

> a phobal!   a stór!

First Declension - Plural

There are many ways of forming the **nom./acc.** and **dat. plural** of first declension nouns and the most common are listed below.

a   Make the final consonant **slender** as in the genitive singular:

> bád ➜ báid   fear ➜ fir   oifigeach ➜ oifigigh

NOTE: it does not necessarily follow that *all* those nouns which form their gen. sg. by making their final consonant slender will form their nom. pl. in the same way.

b   Add - a to the noun:

> ceart ➜ cearta   úll ➜ úlla

c   Add - t(h)a to the noun:

> ceol ➜ ceolta   céad ➜ céadta   glór ➜ glórtha

d   Substitute - (a)í in certain nouns ending in -ch and some in -dh:

> bealach ➜ bealaí   éadach ➜ éadaí   cogadh ➜ cogaí

e   Add - anna to the noun:

> carr ➜ carranna   cás ➜ cásanna

f Syncopate and add - e:

bóthar ➜ bóithre   doras ➜ doirse

g   Add - acha to the noun:

cineál ➜ cineálacha   leagan ➜ leaganacha

h   Other irregular endings:

ollamh ➜ ollúna   laoch ➜ laochra

GENITIVE PLURAL

The **gen. pl.** of first declension nouns is sometimes the same as the **nom. sg.** form and, other times, the **nom. pl.** form. The rules governing which form to use are as follows:

When to use **nom. sg.** form:

a   with nouns whose plural is formed by making the final consonant slender:

asal	**nom. pl.** asail	**gen. pl.**	[na n-]asal
bád	**nom. pl.** báid	**gen. pl.**	[na m]bád
fear	**nom. pl.** fir	**gen. pl.**	[na bh]fear
bacach	**nom. pl.** bacaigh	**gen. pl.**	[na m]bacach

b   with nouns whose plural is formed by simply adding - a to the **nom. sg.** form:

ceart	**nom. pl.** cearta	**gen. pl.**	[na g]ceart
cleas	**nom. pl.** cleasa	**gen. pl.**	[na g]cleas
úll	**nom. pl.** úlla	**gen. pl.**	[na n-]úll

If the **nom. pl.** is formed in any other way, the **gen. pl.** form will be the same as the **nom. pl.** form:

ceol	**nom. pl.** ceolta	**gen. pl.**	[na g]ceolta
bealach	**nom. pl.** bealaí	**gen. pl.**	[na m]bealaí
bóthar	**nom. pl.** bóithre	**gen. pl.**	[na m]bóithre

First Declension - Vocative Plural

The **vocative** case in the plural is formed in the same way as the **nom. pl.**, except in the case of those nouns whose plural is formed by making the final consonant slender. In the latter case, - a is added to the **nom. sg.** form:

fear	nom. pl.	fir	voc. pl.	a fheara!
oifigeach	nom. pl.	oifigigh	voc. pl.	a oifigeacha!
Gael	nom. pl.	Gaeil	voc. pl.	a Ghaela!

A List of Common First Declension Nouns

ábhar, adhmad, aerfort, aiceann, ainmfhocal, airgead, alt, amadán, amhrán, aonach, árasán

bacach, bád, ball, banc, bard, béal, beithíoch, bithiúnach, bonn, bord, bóthar, botún, bradán, braon, breac, buidéal

caisleán, capall, carr, cás, cat, cathaoirleach, ceann, ceantar, ceapachán, ceardchumann, ceart, ceol, cineál, cleas, cléireach, clog, cnoc, cogadh, coinníoll, consan, costas, crann, cumann, cupán

dán, deamhan, deireadh, deontas, dinnéar, díon, diúracán, domhan, doras, droichead, dualgas

éadan, eagar, eagras, éan, earrach, easpag, eireaball, eitleán, eolas

fál, faoileán, fathach, feachtas, fealsamh, fear, féar, feidhmeannach, féileacán, fiach, fiántas, figiúr, fillteán, fiontar, fíoras, focal, fochupán, fód, folcadán, folús, forás, friotal

gadhar, Gael, gaiscíoch, galar, Gall, galún, garsún, gasúr, geall, gealltanas, gearán, geimhreadh, glas, gliomach, glór, gnás, gort, grád

iarnród, iarratas, iasc, imeall, íochtar, iolar, ionad, iontas, irisleabhar

lámhleabhar, laoch, lasán, leabhar, leabhrán, leagan, leanbh, léargas, leibhéal, leiceann, leigheas, leithreas, leithscéal, liobar, líon, lipéad, lóchrann, longfort, lúthchleas

mac, mairnéalach, maor, marc, marcach, magadh, matán, méadar, meán, meatachán, míghníomh, milliún, milseán, míol, muileann

naíonán, náisiún, naomh, néal, nod, nós, nuachtán

óganach, oifigeach, oileán, oileánach, oinniún, ollamh, ord, orlach, ospidéal, óstán, othar

páipéar, pas, pátrún, peacach, peann, pictiúr, piléar, pláinéad, pléascán, pléisiúr, poll, portach, post, prionsabal, príosún, punt

racán, ráiteas, rann, réigiún, rialtas, ród, rón, ronnach, rós, rothar, rún

sac, sagart, saghas, saor, saoránach, scáileán, scamall, scannán, scáthán, scéal, seabhac, seanfhocal, searrach, séasúr, séipéal, seol, siléar, simléar, síol, sionnach, siosúr, sliogán, soitheach, solas, spórt, sreangán, srian, stáisiún, stát, suíochán

táibléad, taifead, taisceán, taispeántas, taobh, tarbh, tarraiceán, teaghlach, teallach, teampall, teastas, teideal, tinneas, tionchar, tionscal, tionscnamh, tobar, toghchán, tom, toradh, tormán, tuarastal, tuiseal, turas

uachtarán, ualach, uan, údar, úll, urchar, urlár, úrscéal

Second Declension Nouns

All the nouns in this declension are **feminine** (except a few like im, sliabh etc.) and end in a consonant.

GENITIVE SINGULAR

In the **genitive** singular, - e is added to the final consonant of the noun which is first made **slender** if it is not already slender:

coill	coille
súil	súile
bróg	bróige
cluas	cluaise
géag	géige

Polysyllabic words ending in - (e)ach become - (a)í:

cailleach ➔ caillí   gealach ➔ gealaí

There are some exceptions in the second declension to the usual rules governing slendering.

SECOND DECLENSION - PLURAL

There are many ways of forming the **nom./acc.** and **dat. plural** of second declension nouns and the most common are listed below.

a Add - a to the noun without otherwise altering it:

bróg ➔ bróga   lámh ➔ lámha
baintreach ➔ baintreacha

b Add - a after first altering the noun in some way either by **syncopation**, **broadening** of final consonant or changing of internal vowel:

roinn ➔ ranna   scian ➔ sceana

c Add - (e)anna to the noun:

áit ➔ áiteanna   ceist ➔ ceisteanna
fadhb ➔ fadhbanna

d Add - í to polysyllabic nouns which end in a slender consonant:

        cáipéis ➜ cáipéisí   óráid ➜ óráidí
        seachtain ➜ seachtainí

e Add - (e)acha to the noun:

        feirm ➜ feirmeacha   iníon ➜ iníonacha
        paidir ➜ paidreacha

f Add - ta / - te to some monosyllabic nouns which end in - l or - n:

        tonn ➜ tonnta   coill ➜ coillte

g Other irregular endings:

        spéir ➜ spéartha   foireann ➜ foirne
        sliabh ➜ sléibhte   troigh ➜ troithe

GENITIVE PLURAL

The **gen. pl.** of second declension nouns is sometimes the same as the **nom. sg.** form, sometimes the same as the **nom. pl.** form. The rules governing which form to use are as follows:

When to use **nom. sg.** form:

i with nouns whose plural is formed by simply adding - a to the **nom. sg.** form:

bróg	nom. pl.	bróga	gen. pl.	[na m]bróg
cos	nom. pl.	cosa	gen. pl.	[na g]cos
póg	nom. pl.	póga	gen. pl.	[na b]póg

If the **nom. pl.** is formed in any other way, the **gen. pl.** form will be the same as the **nom. pl.** form:

oifig	nom. pl.	oifigí	gen. pl.	[na n-]oifigí
páirc	nom. pl.	páirceanna	gen. pl.	[na b]páirceanna

There are some irregular forms used in the genitive plural of nouns of the second declension; consult the section in this grammar entitled **Genitive Plural of Nouns of all Declensions**.

There is no special **vocative** plural form for nouns in the second declension:

    iníonacha ➜ a iníonacha!
    baintreacha ➜ a bhaintreacha!

A List of Common Second Declension Nouns

abairt, acmhainn, adharc, agóid, áibhéil, aidhm, aill, aimsir, áis, aisling, áit,
    aoir, aois, argóint
bábóg, bainis, baintreach, beach, beairic, béim, bialann, bos, bréag,
    brionglóid, bróg
caibidil, caint, cáipéis, caor, carraig, cearc, ceardlann, cearnóg, céim, ceird,
    ceist, ceolchoirm, ciall, cill, cistin, clann, cloch, cluas, cnámh, coicís,
    coill, coimhlint, cóip, coir, coiscéim, conspóid, constaic, contúirt, cos,
    craobh, creig, cros, cuileog, cúirt, culaith
dallóg, dámh, dealbh, deifir, deis, deoir, dialann, dóigh, duais, dúil,
    dúshraith
eaglais, ealaín, eangach, earráid, eitic
fadhb, fallaing, feadóg, féasóg, feirm, fiacail, foireann, foirm, foraois,
    fréamh, fuaim, fuinneog
gairm, gaoth, géag, gealt, gealtlann, geasróg, geis, girseach, gluais, glúin,
    gnúis, grian, gruaig, gualainn
im, inchinn, iníon, iris
Laidin, lámh, lámhainn, lámhscríbhinn, lann, lánúin, leac, leadóg, léaráid,
    leid, léim, leithéid, liathróid, linn, long, luch
maidin, malairt, meancóg, meánscoil, méar, meitheal, mian, mias, milseog,
    mír, muc
naomhóg, nead, neantóg, nimh
obair, ócáid, oifig, ollscoil, óráid, otharlann
paidir, páirc, peil, péist, pian, pingin, pluais, pluid, póg, proinn
réabhlóid, réaltóg, reilig, réimír, rinn, roinn
saighead, sáil, saotharlann, sceach, sceallóg, scian, scilling, scoil, scríbhinn,
    seachtain, seamróg, seanaimsir, seift, seoid, sióg, siúlóid, slat, sliabh,
    sluasaid, spéir, spúnóg, sráid, srón, stoirm, súil
tallann, téad, teoiric, tionóisc, tír, tonn, treibh, tréith, troigh, tuairim,
    tuairisc
uachtarlann, uaigh, uaimh, uair, ubh, uillinn, uirlis
vaimpír, veist

Third Declension Nouns

The nouns in this declension are masculine and feminine, end in a consonant and tend to include most polysyllabic nouns which end in:

- áil, - úil, - aíl, - úint, - cht, - éir, - eoir, - óir, - úir

GENITIVE SINGULAR

In the **genitive** singular, - a is suffixed to the final consonant which is also **broadened**:

bádóir	bádóra
saighdiúir	saighdiúra
feirmeoir	feirmeora
crios	creasa

NOTE: in the case of those nouns which end in - int, the final - t is dropped, and in the case of those which end in - irt, the final - t becomes - th:

canúint → canúna   bagairt → bagartha

THIRD DECLENSION - PLURAL

There are many ways of forming the plural of third declension nouns and the most common are listed below.

NOTE: some final consonants are sometimes **broadened** before a plural ending is added.

a   Add - (a)í to most polysyllabic nouns which end in:

- éir, - eoir, - óir, - úir, - cht, - úint, - irt

péintéir	péintéirí
feirmeoir	feirmeoirí
dochtúir	dochtúirí
canúint	canúintí
cáilíocht	cáilíochtaí

b   Add - anna to the noun:

       am ➜ amanna   bláth ➜ bláthanna

c   Add - acha to feminine, polysyllabic nouns which end in the slender consonants - l, - n, - r:

       barúil ➜ barúlacha   onóir ➜ onóracha

d   Add - ta to monosyllabic nouns which end in broad masc. or slender fem. - l and - n:

       bliain ➜ blianta   gleann ➜ gleannta

e   Other irregular endings:

       béas ➜ béasa   móin ➜ móinte
       sliocht ➜ sleachta

To find out which form of the noun is used in the genitive plural of nouns of the third declension, consult the section in this grammar entitled **Genitive Plural of Nouns of all Declensions**.

There is no special **vocative** plural form for nouns in the third declension:

       feirmeoirí ➜ a fheirmeoirí!
       saighdiúirí ➜ a shaighdiúirí!

A List of Common Third Declension Nouns

acht, admháil, aidiacht, aisteoir, aisteoireacht, altóir, am, anam, áth, athbheochan

bádóir, bagairt, bailitheoir, baincéir, banríon, barúil, beannacht, béas, bláth, bliain, buachaill, buaiteoir, búistéir, bunaitheoir, bunreacht

cáilíocht, cainteoir, Cáisc, canúint, cath, ceacht, ceannaitheoir, ceimiceoir, cíos, cith, cláirseoir, cláraitheoir, clódóir, coimisinéir, comhdháil, comhlacht, conraitheoir, cosúlacht, crios, cruth, cuid, cumhacht, cuspóir, custaiméir

Dáil, damhsóir, dath, deachtóir, deacracht, dífhostaíocht, difríocht, díolaim, díoltóir, díospóireacht, dlíodóir, dochtúir, drámaíocht, dream, droim

éacht, eacnamaíocht, éagóir, eagraíocht, eas, éifeacht, eisceacht, éisteoir, Eoraip

fáth, feag, fealsúnacht, féidearthacht, feirmeoir, feitheoir, feoil, fiaclóir, filíocht, fíon, flaith, foclóir, foghlaimeoir, foilsitheoir, forbairt, fostóir

Gaeilgeoir, Gaeltacht, gamhain, gleann, gluaiseacht, greim, guth

iargúltacht, iarracht, iarrthóir, iasacht, imeacht, imreoir, innealtóir, íobairt, íocaíocht, iomaitheoir, iontráil

leacht, léacht, léachtóir, leictreoir, léiritheoir, léirmheas, léitheoir, lios, litríocht, loch, locht, lóistéir, luach, lus

máistreás, mallacht, marfóir, matamaiticeoir, meadaracht, measúnóir, meicneoir, meisceoir, mil, míshialtacht, míthuiscint, modh, móin, moltóir, muilleoir, múinteoir

náisiúntacht, neacht, neamhrialtacht, nuacht

oidhreacht, oiliúint, ollúnacht, onóir, óstóir

paisinéir, peileadóir, péintéir, poblacht, polaiteoir, polaitíocht

racht, rámh, rámhaíocht, rang, rás, reacht, réalteolaíocht, réiteoir, riarthóir, rinceoir, ríocht, roth, rud

saighdiúir, scáth, scéalaíocht, scoláireacht, scread, scríbhneoir, scrúdaitheoir, sealbhóir, seanmóir, sioc, síocháin, siopadóir, siúinéir, siúlóir, sliocht, snámhóir, sos, sprionlóir, sruth, strainséir

tábhacht, tagairt, táilliúir, tairiscint, tairngreacht, taom, tarracóir, teagascóir, teangeolaíocht, teas, teicneoir, teicneolaíocht, téitheoir, tincéir, tóin, tosaitheoir, tréad, troid, tuarascáil, tuismitheoir

uacht, uaireadóir, ucht, úinéir

vótaíocht

Fourth Declension Nouns

The nouns in the fourth declension are ***mostly*** masculine, and include diminutives ending in - ín, most of the nouns which end in a vowel, and some other nouns.

SINGULAR

The endings of nouns of this declension undergo ***no change*** in any case in the singular:

iascaire ➜ iascaire   croí ➜ croí   cailín ➜ cailín

PLURAL

There are many ways of forming the plural of fourth declension nouns and the most common are listed below.

a   Add - (a)í to nouns which end in - ín, - a, - *e:

cailín ➜ cailíní   píopa ➜ píopaí   páiste ➜ páistí

*NOTE: - í replaces - e.

b   Add - (i)the to nouns which end in - *(a)í, - aoi, - é:

| oibrí | oibrithe | draoi | draoithe |
| rúnaí | rúnaithe | finné | finnéithe |

*NOTE: - (a)ithe replaces - (a)í.

Exceptions:

dlí ➜ dlíthe   rí ➜ ríthe

c   Add - nna to nouns which end in - á, - eá, - ó, - eo, -ú, - ia, - ogha, - ua, - ao:

trá	tránna	rogha	roghanna
fleá	fleánna	bua	buanna
cú	cúnna		

d   Other irregular endings:

| ainm | ➜ ainmneacha | máistir ➜ máistrí |
| bruach | ➜ bruacha | |

GENITIVE PLURAL

To find out which form of the noun is used in the genitive plural of nouns of the fourth declension, consult the section in this grammar entitled **Genitive Plural of Nouns of all Declensions**.

There is no special **vocative** plural form for nouns in the fourth declension:

cailíní ➔ a chailíní!   banaltraí ➔ a bhanaltraí!

A List of Common Fourth Declension Nouns

achainí, acra, aguisín, aicme, aigne, ailtire, ainm, ainmhí, aintín, Aire,
    amhránaí, ancaire, aoi, ateangaire, aturnae
bá, báidín, baile, balla, banchéile, barra, bata, bearna, béile, bia, bille,
    bladhaire, blúire, bosca, bricfeasta, briosca, bruach, buama, buille
caife, cailín, cárta, cé, ceannaí, ceapaire, céilí, ceirnín, ceo, cigire, cine,
    cinsire, cipín, ciste, claí, cleasaí, cló, club, cluiche, cnaipe, cneá, cnó,
    cócaire, coinín, coisí, coiste, coláiste, comhartha, comhrá, comrádaí,
    contae, crúiscín, cú, cúige, cúinne
dalta, damhsa, dáta, deoraí, dílleachta, dísle, dornálaí, draoi, dréimire,
    druga, duáilce, duga, duine
eachtra, eala, earra, eascaine, easna, eite, eolaí
faiche, fáinne, farraige, féasta, féile, féilire, féirín, fia, file, fleá, fógra, foinse,
    forainm, fórsa, freagra
gadaí, gairdín, gáire, gála, garáiste, garda, garraí, gé, geata, giolla, giota,
    glao, gloine, gné, gnó, gráinne, grua, gúna, gunna, guta
halla, hata
iarla, iarsma, iascaire, inscne, iomaire, iománaí, ionadaí, ionsaí, ispín
laige, lampa, lána, lao, laoi, lasta, leabharlannaí, léana, léine, leoithne, líne,
    liosta, lóistín, luibheolaí
macalla, machaire, madra, máistir, mála, mangaire, masla, mianra, míle,
    ministir, moncaí, muga, muinchille, múnla
ní, nia, nóta
oibrí, oíche, oide, oidhre, oráiste, osna
páiste, pána, paróiste, peaca, péarla, peata, pianó, píobaire, pionta, píopa,
    píosa, planda, pláta, plean, pleidhce, pointe, polasaí, pota, práta,
    prionsa, profa
rabharta, ráca, ráille, reachtaire, réalta, réimse, rí, ribe, rince, róba, rolla,
    rothaí, ruainne, rúitín, rúnaí
saineolaí, sampla, saothraí, scála, scata, scéalaí, sciorta, sclábhaí, scoláire,
    scuaine, sealgaire, seanchaí, seanduine, seans, seic, seilf, seó, seomra,
    sicín, siolla, siopa, slabhra, slí, slua, snáithe, sonra, spiaire, spota, stábla,
    staraí, stua, suáilce
tábhairne, tábla, taibhse, táille, táirge, taisme, taoide, teachta, teachtaire,
    téacs, téama, teanga, téarma, teicneolaí, tiarna, tine, tionsclaí, tlú, toitín,
    trá, tráthnóna, tréadaí, tréimhse, tuáille, tubaiste, turcaí
uisce, uncail, unsa, úrscéalaí
veain, véarsa, vóta

Fifth Declension Nouns

The nouns in the fifth declension are *mostly* feminine and end in a **slender** consonant or a vowel.

GENITIVE SINGULAR

In the **genitive** singular, the nouns of this declension end in a broad - ch, - d, - (n)n, - r after undergoing internal changes in many instances to end in a broad consonant:

cathair	cathrach
traein	traenach
athair	athar
abhainn	abhann
monarcha	monarchan

PLURAL

There are many ways of forming the plural of fifth declension nouns and the most common are listed below.

a Add - (e)acha after making appropriate internal changes in many instances:

cathair ➜ cathracha   traein ➜ traenacha
athair ➜ aithreacha

b Add - na /- ne to those feminine nouns which end in a vowel in the **nom. sg.** and - n in the **gen. sg.**:

comharsa ➜ comharsana   monarcha ➜ monarchana
ceathrú ➜ ceathrúna

c Add - idí to those masculine nouns which end in a broad - d in the **gen. sg.**:

fiche ➜ fichidí   caoga ➜ caogaidí

d Other irregular endings:

cara ➜ cairde   caora ➜ caoirigh

To find out which form of the noun is used in the genitive plural of nouns of the fifth declension, consult the section in this grammar entitled **Genitive Plural of Nouns of all Declensions**.

There is no special **vocative** plural form for nouns in the fifth declension:

cairde ➜ a chairde!
máithreacha ➜ a mháithreacha!

A List of Common Fifth Declension Nouns

abhainn, Albain, athair
beoir, bráthair
cáin, caora, cara, carcair, cathair, cathaoir, ceathrú, comharsa,
    coróin, cráin
deartháir, díle, draein
eochair
faocha
gráin
inneoin, ionga, ithir
lacha, láir, lasair, láthair
leasmháthair, litir, loinnir
mainistir, máthair, meabhair, míthreoir, monarcha
namhaid, nathair, Nollaig
oitir
pearsa, príomhchathair
riail
seanathair, siocair, siúr, stiúir
traein, treoir, triail
uimhir

IRREGULAR NOUNS

There are certain nouns, both masculine and feminine, which do not belong to any declension. The following is a list of the most important of these, their gender, their genitive singular and plural forms.

Singular		Plural
Nominative	Genitive	All Cases
deirfiúr f.	deirféar	deirfiúracha
deoch f.	dí	deochanna
Dia m.	Dé	Déithe
lá m.	lae	laethanta
leaba f.	leapa	leapacha
mí f.	míosa	míonna
teach m.	tí	tithe

NOTE: the noun bean is even more irregular:

bean f.	mná	mná (gen. pl. ban)

More irregular nouns:

> meangadh
> scrúdú
> síniú
> talamh
> tarraingt

GENITIVE PLURAL OF NOUNS OF ALL DECLENSIONS

The noun in the **gen. pl** sometimes uses its **nom. sg.** form, and sometimes uses its **nom. pl.** form. The rules governing which form to use are as follows:

When to use **nom. sg.** form:

i   with nouns whose plural is formed by making the final consonant slender:

asal	nom. pl. asail	gen. pl.	[na n-]asal
bád	nom. pl. báid	gen. pl.	[na m]bád
fear	nom. pl. fir	gen. pl.	[na bh]fear
bacach	nom. pl. bacaigh	gen. pl.	[na m]bacach

ii   with nouns whose plural is formed by simply adding -a to the **nom. sg.** form:

bróg	nom. pl. bróga	gen. pl.	[na m]bróg
bos	nom. pl. bosa	gen. pl.	[na m]bos
fuinneog	nom. pl. fuinneoga	gen. pl.	[na bh]fuinneog

SPECIAL GENITIVE PLURAL OF NOUNS

Some nouns have a special genitive plural form which can only be used in the genitive plural. The following is a complete list:

	nom. sg.	nom. pl.	gen. pl.
blemish	ainimh	ainimhe	aineamh
woman	bean	mná	ban
peak	binn	beanna	beann
drop	deoir	deora	deor
loss	díth	díotha	díoth
desire	dúil	dúile	dúl
art	ealaín	ealaíona	ealaíon
knee	glúin	glúine	glún
jewel	seoid	seoda	seod
eye	súil	súile	súl

The following nouns have the same special forms for *both* the **genitive singular** and **genitive plural**:

	nom. sg.	gen. sg. / pl.
sheep	caora	caorach
neighbour	comharsa	comharsan
periwinkle	faocha	faochan
duck	lacha	lachan

NOTE: a number of other nouns sometimes use special **genitive plural** forms in colloquial speech or in special circumstances:

> bliain
> cara
> namhaid

Also, bó doesn't change its ending in **gen. sg. / pl**.

ECLIPSIS OF NOUNS

The initial letter of the noun is eclipsed:

a after the definite article:

    i. in the dative singular in case of initial consonants only when preceded by the simple prepositions ag, ar, as, chuig, faoi, le, ó, roimh, thar, trí, um:
except when initial is d or t which remain unaffected.

ag an **bh**fear	*at the man*
as an **g**cistin	*out of the kitchen*
ar an **m**bus	*on the bus*
ón teach	*from the house*

    ii. in the genitive plural:

ceol na **n**-éan	*the song of the birds*
rogha na **m**ban	*the women's choice*
hataí na **bh**fear	*the men's hats*

b after the preposition i:

i **g**cistin	*in a kitchen*
i **d**teach	*in a house*

NOTE: i becomes in before initial vowels, dhá and bhur:

in uisce	*in water*
in bhur mbosca	*in your* pl. *box*
in áit eile	*in another place*
in dhá ionad	*in two venues*

c in certain fixed phrases:

ar **g**cúl	*behind*
go **bh**fios dom	*to my knowledge*
ar **n**dóigh	*of course*
cá **bh**fios dom?	*how do I know?*
ar **d**tús	*firstly*

d after the plural possessive adjectives ár, bhur, a (including when they are followed by dhá):

ár bpáiste	*our child*
bhur gcuid airgid	*your* pl. *money*
a bpinn	*their pens*
bhur dhá ngeata	*your* pl. *two gates*
ár dhá gcarr	*our two cars*

e after the numerals seacht, ocht, naoi and deich:

seacht n-uaire	*seven hours*
naoi mbus	*nine buses*
ocht gcat	*eight cats*
deich bpingine	*ten pence*

LENITION OF NOUNS

1 The initial consonant of the noun (excepting initial d- / t- / s-) is lenited after the **definite article** when the noun is:

a feminine, singular and in the nom./acc. case:

feicim an bhean	*I see the woman*
tá an fharraige ag trá	*the sea is ebbing*
las sé an tine	*he lit the fire*

b masculine, singular and in the gen. case:

hata an fhir	*the man's hat*
ag moladh an bhuachalla	*praising the boy*
ag dúnadh an dorais	*closing the door*

c masculine or feminine, singular, in the dat. case and preceded by den/ don/ sa(n):

den chrann	*of / off the tree*
san fharraige	*in the sea*
don chailín	*to the girl*
sa teach	*in the house*

2 The initial consonant of *all* nouns sg./pl., masc./fem. is lenited after:

a the vocative particle a:

a bhuachaill(í)!	*boy(s)!*	a fheara!	*men!*
a pháistí!	*children!*	a mháthair!	*mother!*

b the possessive adjectives mo, do, a (3rd sg. masc.):

mo chapall	*my horse*
a theach	*his house*
do dhinnéar	*your dinner*

c uile:

an **uile** dhuine	*every person*
gach **uile** sheachtain	*every week*

d the simple prepositions de, do, faoi, mar, ó, roimh, trí, um in all circumstances and, on certain occasions, * ar, gan, idir, thar:

rud a bhaint **de** dhuine	*to take something from a person*
tabhair **do** chailín eile é!	*give it to another girl!*
ag obair **faoi** thalamh	*working underground*
fuair mé **mar** bhronntanas é	*I got it as a present*
ó theach go teach	*from house to house*
roimh mhaidin	*before morning*
trí bhallaí an tí	*through the walls of the house*
um thráthnóna	*in the evening*
ar bharr an tí	*on the top of the house*
gan phingin	*without a penny*
ag taisteal **idir** thíortha	*travelling between countries*
thar bhalla na scoile	*over the wall of the school*

* To ascertain when these four prepositions lenite a following noun and when not, consult the relevant preposition in the preposition section of this grammar.

3 The initial consonant of the noun is lenited after the following numerals:

a aon and chéad (excepting initial d- / t- / s-):

aon fhear amháin	*one man*
an chéad ghasúr	*the first boy*

b dhá (unless preceded by the possessive adjectives a (3rd sing. fem. & 3rd pl.), ár & bhur):

dhá chapall	*two horses*
dhá theach	*two houses*

c trí, ceithre, cúig, sé when the singular form of the noun is used:

trí charr	*three cars*	cúig dhoras	*five doors*
ceithre cheacht	*four lessons*	sé theach	*six houses*

d beirt:

beirt pháistí	*two children*
beirt fheirmeoirí	*two farmers*

57

4   The initial consonant of the noun is lenited when it is preceded by all forms of the copula, viz ba, ar, gur, níor, nár etc. in the past tense and conditional mood:

ba dhochtúir é	*he was a doctor*
níor chladhaire í	*she was not a coward*
ar shagart é?	*was he a priest?*
nár ghadaí é?	*wasn't he a thief?*

5   The initial consonant of **surnames** is lenited after:

i   Ní & Uí   ii * Mhic, Mhig, Nic & Nig:

teach Sheáin **Uí Bhriain**	*John O'Brien's house*
Cáit **Ní Bhriain**	*Kate O'Brien*
carr Pheadair **Mhic Dhuibhir**	*Peter Mc Dyer's car*
airgead Bhríd Nic Coinnigh	*Bridget Mc Kenzie's money*

* NOTE: no lenition in case of initial c & g with these four.

6   The initial consonant of a **personal name** or the **name of a place** is lenited when it is directly governed by a compound preposition or has a genitive relationship with a preceding noun:

i láthair **Sheáin**	*in John's presence*
cathair **Dhoire**	*Derry City*
os comhair **Mháire**	*in front of Mary*
sráideanna **Chorcaí**	*the streets of Cork*
bean **Shéamais**	*James's wife*
contae **Shligigh**	*county Sligo*

7   The initial consonant of an indefinite noun or verbal noun in the genitive case governed by another noun which immediately precedes it is lenited when the first noun is *feminine and singular (unless it is in the **gen.** case) or *plural and ends in a **slender** consonant:

dlaoi **ghruaige**	*a lock of hair*
sráid **mhargaidh**	*a market street*
culaith **bhréidín**	*a tweed suit*
aimsir **shamhraidh**	*summer weather*
ábhair **chainte**	*topics of conversation*
éisc **mhara**	*sea fish*
leabhair **Ghaeilge**	*Irish books*
tuirse **shúl**	*eye fatigue*

NOTE*: There are many exceptions to this rule and the following are the most common:

a When the first noun ends in d, n, t, l, s, and the second begins with d, s, t, there is no lenition:

báid seoil	*sailboats*
bean tí	*housewife*
poill deataigh	*smoke-holes*

b When the first noun is an **abstract noun**, there is no lenition:

saoirse cainte	*freedom of speech*
fairsinge cumhachta	*extent of power*
óige duine	*one's youth*
áilleacht mná	*a woman's beauty*

c When the first noun denotes **quantity**, e.g barraíocht, breis, cuid, easpa, iomarca, there is no lenition:

an iomarca codlata	*too much sleep*
breis misnigh	*extra courage*
barraíocht cainte	*too much talk*
easpa céille	*lack of sense*

d When the second noun is qualified by an adjective or otherwise qualified, there is no lenition:

oíche gaoithe móire	*a night of great wind*
scian coise duibhe	*a black handled knife*

e When a part of a person's or animal's body or a part of anything is involved, there is no lenition:

cuisle duine	*a person's pulse / vein*
cluas cupáin	*a cup's handle*
cos páiste	*a child's leg*
aghaidh mná	*a woman's face*

f When a **collective noun** precedes a noun in the genitive plural, there is no lenition:

scuaine caorach	*a flock of sheep*
táin bó	*a herd of cattle*

g When the noun in the genitive case is the **agent** or **subject**, there is no lenition:

búireach bó	*lowing of cows*
beannacht baintrí	*a widow's blessing*

h When an indefinite noun follows a verbal noun which is preceded by a preposition, there is no lenition:

ag cogaint milseáin	*chewing a sweet*
ag tógáil balla	*building a wall*

Exceptions: ag gabháil cheoil / fhoinn, ag fáil bháis

i When the noun in the genitive case indicates the ownership or purpose of someone or something, there is no lenition:

culaith fir	*a man's suit*
bróg páiste	*a child's shoe*

j When the noun in the genitive case is in apposition (i.e. defines the meaning of the noun preceding it) and refers to a person, there is no lenition:

baintreach fir	*a widower*
leibide mná	*a foolish woman*

k When an indefinite noun not a personal noun or name of a place is preceded by a **compound preposition**, there is no lenition:

i láthair múinteora	*in the presence of a teacher*
in aghaidh duine	*against someone*

NOTE: there are numerous exceptions to the above rule.

8 The initial consonant of the noun is lenited when it is a **compound word** and has affixed to it leniting **prefixes** or other words except when final and initial d, n, t, l, s clash:

seanfhear	*an old man*
seanduine	*an old person*
corrdhuine	*an occasional person*
bantiarna	*a lady*
bunchíos	*ground rent*
leasdeartháir	*a stepbrother*
aonmhac	*an only son*

9 The initial consonant of an abstract noun is lenited when it is preceded by the special particle a:

  a **bhoirbe** a labhair sí   *so angrily did she speak*
  a **shaoire** atá sé!   *how cheap it is!*
  a **dheacra** a bhí sé   *considering how difficult it was*

PREPOSITIONS

Prepositions in Irish fall into two categories:

1 simple prepositions which are generally termed **prepositions**

2 **compound prepositions**

SIMPLE PREPOSITIONS

Prepositions in Irish can be divided into *three* categories according to the case which follows them.

a A few prepositions are followed by the nominative case, e.g. gan, go dtí, idir, seachas:

gan an t-airgead	*without the money*
go dtí an chathair	*to the city*
seachas an bhean sin	*other than that woman*

b Most prepositions are followed by the dative case, e.g. ag, ar, as, chuig, de, do, faoi, go, i, le, ó, roimh, thar, trí, um:

ag an mbord	*at the table*
ar an ngeata	*on the gate*
amach as an áit seo	*out of this place*

c The following prepositions are followed by the genitive case, e.g. chun, dála, fearacht, timpeall, trasna:

chun na cathrach	*to the city*
timpeall na háite	*around the place*
trasna na habhann	*across the river*

Most prepositions never change in form no matter what follows them. Some, however, change in various ways depending on the nature of the word which follows them, e.g. the **definite article**, singular or plural, **possessive adjectives**, **relative particles** etc. [This applies only to category b and, even there, not in the same way nor to all of them. Some slight exceptions to this rule are illustrated under the respective prepositions.] All this information is supplied with each preposition in this grammar.

Almost all of the prepositions in category b have special personal forms which are termed **prepositional pronouns**, i.e. the appropriate pronoun is joined to the preposition rather than kept separate as in English, e.g. agam (*at me*), agat (*at you*) etc. These forms are also supplied with each preposition in this grammar.

Examples are supplied with each preposition of some of their idiomatic uses in Irish.

ag *at*
Prepositional Pronouns

agam	*at me*	againn	*at us*
agat	*at you* sg.	agaibh	*at you* pl.
aige	*at him, it*	acu	*at them*
aici	*at her, it*		

It does not affect the initial letter of a following indefinite noun:

ag baile	*at a town*	ag caisleán	*at a castle*

It undergoes no change when followed by the article or possessive adjectives:

ag an ngeata / na geataí	*at the gate / gates*
ag a dhoras / doras / ndoras	*at his / her / their door*

The relative particles a and ar are not normally used with this preposition.

Usage:
It is used to denote position, attendance, time etc:

tá sí ag an teach	*she is at the house*
bhí mé ag an gcóisir	*I was at the party*
ag a seacht a chlog	*at seven o'clock*

It is used with the verbal noun to denote action in progress:

tá sé ag léamh	*he is reading*
tá sé ag rith	*he is running*

It is used with the substantive verb to denote possession:

tá teach agam	*I have a house*
tá airgead agam	*I have money*

It is used to denote possession of knowledge, skill etc:

tá Gaeilge agam	*I know Irish*
	(i.e. *how to read, speak and write the language*)
tá snámh agam	*I know how to swim*

It is often used before a possessive adjective, followed by a verbal noun, to express the direct object pronoun of the verbal noun:

ag mo bhualadh	*beating me*
ag do mholadh	*praising you*

The plural prepositional pronouns (againn, agaibh, acu) are used when counting people to translate '*of us, of you, of them*':

duine bean, fear againn / agaibh / acu	*one of us / you / them*
triúr acu	*three of them*
cá mhéad acu?	*how many of them?*

Prepositional Pronouns

orm	*on me*	orainn	*on us*
ort	*on you* sg.	oraibh	*on you* pl.
air	*on him, it*	orthu	*on them*
uirthi	*on her, it*		

When followed by an indefinite noun, ar generally lenites:

ar chrann	*on a tree*	ar chathaoir	*on a chair*

NOTE: such phrases as ar gcúl are exceptions.

It does not affect the initial of a following noun when it forms part of a set phrase or occurs in references of a general nature:

ar mire	*mad*
ar deireadh	*last*
ar meisce	*drunk*
ar taispeáint	*on display*
ar ball	*later*
ar cuairt	*on a visit*
ar siúl	*going on*
ar maidin	*in the morning*
ar clé	*on the left*
ar díol	*for sale*
ar deis	*on the right*

It undergoes no change when followed by the article, or possessive adjectives, or relative particles:

ar an gcrann / na crainn	*on the tree / trees*
ar a chathaoir / a cathaoir	*on his / her chair*
ar a gcathaoireacha	*on their chairs*
an bord ar a leagtar an mála	*the table on which the bag is placed*
an bord ar ar leagadh an mála	*the table on which the bag was placed*

Usage:

It is used to denote place or position:

ar an talamh	*on the ground*
ar charraig	*on a rock*

It is used with the substantive verb to denote possession of feelings, emotions, needs, ailments etc:

tá codladh orm	*I am sleepy*
tá slaghdán orm	*I have a cold*
tá eagla orm	*I am afraid*
cad tá ort?	*what is wrong with you?*
tá ocras orm	*I am hungry*

It is used with different verbs to convey a wide range of meanings:

breathnaigh air!	*look at it!*
dhíol mé ar phunt é	*I sold it for a pound*
lean ort!	*continue!*
d'fhéach mé air	*I looked at it*
iarr air é!	*ask him for it!*
bhí sí ag freastal air	*she was attending it*
theip orainn	*we failed*

It is used to denote time:

ar a hocht a chlog	*at eight o'clock*
ar an lá áirithe sin	*on that particular day*
tiocfaidh sé ar maidin	*he will come in the morning*

as *out of, from*

Prepositional Pronouns

asam	*out of me*	asainn	*out of us*
asat	*out of you* sg.	asaibh	*out of you* pl.
as	*out of him, it*	astu	*out of them*
aisti	*out of her, it*		

It does not affect the initial letter of a following indefinite noun:

as áit	*out of place*	as gloine	*out of* / *from a glass*

It undergoes no change when followed by the article, or possessive adjectives, or relative particles:

as an bpáirc / na páirceanna	*out of the field* / *fields*
as a theach / teach / dteach	*out of his* / *her* / *their house*
as a n-óltar	*out of which is drunk*

Usage:
It is used with place-names to denote origin, distance etc:

is as Gaillimh é	*he is from Galway*
míle as Doire	*a mile from Derry*

It is used to denote language medium:

abair as Béarla é	*say it in English*
tá sé scríofa as Gaeilge	*it is written in Irish*

It is used with different verbs to convey a wide range of meanings:

d'íoc mé as an leabhar	*I paid for the book*
d'éirigh mé as an obair	*I gave up the work*
bainfidh mé triail as	*I'll try it*

chuig *to*, *towards*
Prepositional Pronouns

chugam	*to me*	chugainn	*to us*
chugat	*to you* sg.	chugaibh	*to you* pl.
chuige	*to him, it*	chucu	*to them*
chuici	*to her, it*		

It does not affect the initial letter of a following indefinite noun:

chuig áit	*to*(*wards*) *a place*
chuig duine	*to*(*wards*) *a person*

It undergoes no change when followed by the article or possessive adjectives:

chuig an teach / na tithe	*to*(*wards*) *the house* / *houses*
chuig a athair / hathair / n-athair	*to*(*wards*) *his* / *her* / *their father*

The relative particles a and ar are not normally used with this preposition.

Usage:
It is used to denote direction:

chuig an siopa	*to*(*wards*) *the shop*
chuig an gcistin	*to*(*wards*) *the kitchen*

It is used in conjunction with particular adjectives to convey a range of meanings:

go maith chuig an nGaeilge	*good at Irish*
go maith chuig slaghdán	*good for a cold*

de *from*, *off*, *of*
Prepositional Pronouns

díom	*from* / *off me*	dínn	*from* / *off us*
díot	*from* / *off you* sg.	díbh	*from* / *off you* pl.
de	*from* / *off him, it*	díobh	*from* / *off them*
di	*from* / *off her, it*		

When followed by an indefinite noun, de lenites:

buille de bhata	*a blow of a stick*
bain de dhuine eile é	*take it off someone else*

It becomes d' before vowels and fh followed by a vowel:

a leithéid d'amadán	*such a fool*
ribe d'fhéasóg an fhir	*a hair of the man's beard*

It combines with the singular definite article to give den:

den bhord	*off* / *of the table*
den chrann	*off* / *of the tree*

It combines with the possessive adjectives a (his/its masc., her/its fem., their) and ár our to give dá, dár:

dá athair / hathair / n-athair	*from his* / *her* / *their father*
dár gclann	*from our family*

It combines with the relative particles a and ar to give dá and dár:

an t-ábhar dá ndéantar é	*the material from which it is made*
gach uair dár chuimhnigh mé air	*each time I thought of it*

It combines with the indirect relative forms of the copula ar(b)(h) to give dar(b)(h):

fear darb ainm Seán	*a man called John*
cé dar díobh thú?	*from whom are you descended?*

It combines with the particle a which is used with abstract nouns to express degree to give dá:

dá laghad é	*little as it is*
dá fheabhas é	*good as it is*
dá olcas é	*bad as it is*

Usage:
It is used to denote discontinuation, breaking off, removal etc:

| tóg den chathaoir é! | *lift it off the chair!* |
| bain díot do chóta! | *take off your coat!* |

It is used to denote a piece, quantity or portion of something:

| cuid den airgead | *some of the money* |
| duine de na daoine | *one of the people* |

It is used to describe means or manner:

| de phlimp | *with a bang* |
| éirigh de léim! | *jump up!* |

It is used with certain adjectives to convey a range of meanings:

| bréan den obair | *tired of the work* |
| tuirseach den saol | *world-weary* |

It is used with different verbs to convey a wide range of meanings:

| stad sí den ól | *she stopped drinking* |
| leanfar den obair | *the work will be continued* |

do *to, for*
Prepositional Pronouns

dom	*to me*	dúinn	*to us*
duit	*to you* sg.	daoibh	*to you* pl.
dó	*to him, it*	dóibh	*to them*
di	*to her, it*		

When followed by an indefinite noun, do lenites:

| do dhuine | *to a person* | do mhadra | *to a dog* |

It becomes d' before vowels and fh followed by a vowel:

| cóngarach d'áit eile | *near another place* |
| tabhair d'fhear eile é! | *give it to another man!* |

It combines with the singular definite article to give don:

| don bhuachaill | *to the boy* |
| don chailín | *to the girl* |

It combines with the possessive adjectives a (his/its (masc.), her/its (fem.), their) and ár our to give dá, dár:

| dá athair / hathair / n-athair | *to his / her / their father* |
| dár gclann | *to our family* |

It combines with the relative particles a and ar to give dá and dár:

| an té dá dtugann/ | *the person to whom he gives/* |
| dár thug sé an t-airgead | *gave the money* |

Usage:
It is used to denote proximity or relationship:

| cóngarach don chathair | *near the city* |
| is cara dom é | *he is a friend of mine* |

It is often used in certain interrogatory phrases, often with the copula:

| cad is ainm di? | *what is her name?* |
| cárb as duit? | *where are you from?* |

It is often used in greetings of all sorts:

| Dia duit! | *God save you / Hello!* |
| oíche mhaith duit! | *good night (to you)!* |

It is often used idiomatically with the **substantive verb**:

tá grá agam dó	*I love him*
tá trua aige dóibh	*he pities them*
bí go maith di!	*be good to her!*

It is often used before a possessive adjective, followed by a verbal noun, to express the object pronoun of the **verbal noun**:

do mo bhualadh	*beating me*
do do mholadh	*praising you*

It is used with different verbs to convey a wide range of meanings:

bheannaigh mé di	*I greeted her*
tabhair dó an peann!	*give him the pen!*
d'inis sí scéal dom	*she told me a story*
oireann sé duit	*it suits you*
d'ordaigh mé dó stad	*I ordered him to stop*

faoi *under, beneath, about*

Prepositional Pronouns

fúm	under me	fúinn	under us
fút	under you **sg.**	fúibh	under you **pl.**
faoi	under him, it	fúthu	under them
fúithi	under her, it		

When followed by an indefinite noun, faoi lenites:

faoi bhord	under a table
faoi bhrón	grieving

It combines with the singular definite article to give faoin:

faoin gcathaoir	under the chair
faoin gcarr	under the car

It combines with the possessive adjectives a (his/its (masc.), her/its (fem.), their) and ár our to give faoina, faoinár:

faoina ainm / hainm / n-ainm féin	under his / her / their own name
faoinár n-ainm féin	under our own name

It combines with the relative particles a and ar to give faoina and faoinar:

an charraig **faoina** luíonn sé	the stone under which it lies
an charraig **faoinar** luigh sé	the stone under which it lay

Usage:

It is used with the **substantive verb** to denote intention or purpose:

tá fúm dul abhaile	I intend to go home
cad tá fút?	what are you up to?

It is used with abstract nouns to denote state:

faoi smacht	restrained
faoi lánseol	in full swing

It is often used idiomatically with the substantive verb and another prepositional pronoun:

tá áthas orm faoi sin	I am happy about that
tá náire orm faoi sin	I am ashamed of that

It is used in various idiomatic phrases with different meanings:

faoi láthair	at present
faoi dhó	twice
faoin tuath	in the country(side)
faoin Aoine	by Friday

It is used with different verbs to convey a wide range of meanings:

thug sé fogha fúthu	he made a lunge at them
chuir sé faoi san áit	he stayed in the place

gan *without*
Prepositional Pronouns

For all persons, gan followed by appropriate pronouns:

gan mé	*without me*	gan muid / sinn	*without us*
gan tú	*without you* sg.	gan sibh	*without you* pl.
gan é	*without him, it*	gan iad	*without them*
gan í	*without her, it*		

It lenites initial b, c, *f, g, m, p of indefinite/unqualified nouns/verbal nouns which stand alone:

gan chlann	*without a family*
gan phingin	*without a penny*
gan fheidhm	*aimless*
gan mhaith	*useless*
gan chorraí	*motionless*

* Exception: gan fáth *without reason*

It does not lenite when followed by a dependent nominal or verbal phrase or clause:

gan clann ar bith	*without any family*
gan pingin lena ainm aige	*without a penny to his name*
gan maith dá laghad	*without any good at all*
abair leis gan corraí	*tell him not to move*
abair leis gan punt a chaitheamh	*tell him not to spend a pound*

It is followed by the **nominative case** and never undergoes any change no matter what follows it:

gan an t-airgead	*without the money*
gan an bhean	*without the woman*
gan a chead	*without his permission*

Usage:

It is used with the verbal noun to indicate an indirect command:

abair leis gan bogadh!	*tell him not to move!*
iarr air gan stad!	*ask him not to stop!*

It is used to express a wish:

gan mé sa bhaile!	*if only I were at home!*
gan muid linn féin!	*if only we were alone!*

Prepositional Pronouns

ionam	*in me*	ionainn	*in us*
ionat	*in you* sg.	ionaibh	*in you* pl.
ann	*in him, it*	iontu	*in them*
inti	*in her, it*		

When followed by an indefinite noun, i eclipses consonants and becomes in before vowels, bhur, dhá and titles of books etc:

i mbád	*in a boat*
i gcarr	*in a car*
in uisce	*in water*
in bhur seasamh	*standing up* pl.
in dhá áit	*in two places*
in *Comhar*	*in* Comhar

Before the singular definite article, it combines with the article to become sa before consonants and san before vowels and f followed by a vowel:

sa pháirc	*in the field*	sa nead	*in the nest*
san uisce	*in the water*	san fharraige	*in the sea*

Before the plural definite article, it combines with the article to become sna:

sna tithe	*in the houses*	sna páirceanna	*in the fields*

It combines with the possessive adjectives a (his/its (masc.), her/its (fem.), their), and ár our to give ina, inár:

ina charr / carr / gcarr	*in his / her / their car*
inár dteach	*in our house*

It combines with the relative particles a and ar to give ina and inar:

an teach ina gcónaíonn an chlann	*the house in which the family lives*
an teach inar chónaigh an chlann	*the house in which the family lived*

Usage:
It is used with the possessive adjective to denote classification, condition, state etc:

tá sí ina bainisteoir	*she is a manager*
tá siad ina gcodladh	*they are asleep*

idir *between* (*partly . . . partly*; *both . . . and*)

Prepositional Pronouns

For all persons in the singular, idir followed by appropriate pronouns:

idir mé	*between me* (*and*...)	eadrainn	*between us*
idir tú	*between you* (sg.) (*and*...)	eadraibh	*between you* pl.
idir é	*between him, it* (*and*...)	eatarthu	*between them*
idir í	*between her, it* (*and*...)		

It lenites the initial letter of the following noun except in certain phrases containing agus:

idir dhaoine / pháirceanna / mhná	*between people / fields /women*
idir Ciarraí agus Corcaigh	*between Kerry and Cork*
idir gháire agus ghol	*half laughing, half crying*
idir bheag agus mhór	*both small and big*
idir fhir agus mhná	*both men and women*

It undergoes no change when followed by the article or possessive adjectives:

idir an bun agus an barr	*between the bottom and the top*
idir na tithe	*between the houses*
idir a bhaile agus an chathair	*between his home and the city*

The relative particles a and ar are not normally used with this preposition.

It is followed by the nominative case:

| idir an chistin agus an seomra | *between the kitchen and the room* |

Usage:
It is used to denote distance or time:

| idir uaireanta itheacháin | *between eating hours* |
| idir Gaillimh agus Doire | *between Galway and Derry* |

It is used to denote difference or sharing:

| aithint idir pháistí | *to distinguish between children* |
| roinn eatarthu é | *share it between them* |

It is used with agus to express *partly...partly* and *both...and*:

| idir shúgradh is dáiríre | *half in jest, half in earnest* |
| idir bhuachaillí is chailíní | *both boys and girls* |

76

le *with*

Prepositional Pronouns

liom	*with me*	linn	*with us*
leat	*with you* **sg.**	libh	*with you* **pl.**
leis	*with him, it*	leo	*with them*
léi	*with her, it*		

When followed by an indefinite noun le prefixes h to initial vowels:

le hairgead	*with money*	le himní	*with worry*

Before the definite article, sg. & pl., it becomes leis:

leis an bhfear	*with the man*
leis na fir	*with the men*

It combines with the possessive adjectives a (his/its (masc.), her/its (fem.), their) and ár our to give lena, lenár:

lena aghaidh	*for him*
lena haghaidh	*for her*
lena n-aghaidh	*for them*
lenár málaí	*with our bags*

It combines with the relative particles a and ar to give lena and lenar:

an tslat lena mbuailtear an madra	*the stick with which the dog is beaten*
an tslat lenar buaileadh an madra	*the stick with which the dog was beaten*

Usage:
It is used with the verbal noun to express purpose, obligation, expectation:

tá an chistin le glanadh	*the kitchen has to be cleaned*
tá obair le déanamh	*there is work to be done*
tá sé le himeacht anois	*he is due to leave now*

It is used with the copula to denote ownership:

is liomsa é	*it is mine*
is le Seán an teach	*John owns the house*
cé leis é?	*who owns it?*
an leatsa an carr?	*is the car yours?*

It is used with certain verbs to denote continued action:

ag canadh leis	*singing away*
ag caoineadh léi	*crying away*
imir leat!	*play away!*

It is used to denote equation i.e. to express that something is *as* . . . adj . . . *as* . . . :

chomh mór le cnoc	*as big as a hill*
chomh bog le him	*as soft as butter*

It is used with the copula to convey opinions, feelings etc:

is fuath liom é	*I hate him / it*
ba bhreá liom sin	*I would love that*
is deas liom é	*I think it is nice*
b'fhearr leis deoch	*he would prefer a drink*
is maith liom	*I like*

It is used to denote continuous spaces of time:

tá sé anseo le bliain	*he is here for a year now*
tá sí ar shiúl le tamall	*she is gone a while / for some time*

It is used with different verbs to convey a wide range of meanings:

éist leis!	*listen to him!*
cuidigh liom!	*help me!*
imigh leat!	*go away!*
thaitin sé léi	*she liked him / it*
d'éirigh léi	*she succeeded*
bhuail mé leis	*I met him*
labhair sé liom	*he spoke to me*
cuir leis an scéal!	*add to the story!*
scaoileadh urchar leis	*a shot was fired at him*
abair leis fanacht!	*tell him to wait!*
níor lig mé leis é	*I didn't let him get away with it*
cuir deireadh leis!	*finish it!*
fanfaimid leat	*we'll wait for you*
chuaigh sé le leigheas	*he studied medicine*

Ó *from*
Prepositional Pronouns

uaim	*from me*	uainn	*from us*
uait	*from you* sg.	uaibh	*from you* pl.
uaidh	*from him, it*	uathu	*from them*
uaithi	*from her, it*		

When followed by an indefinite noun, ó lenites:

ó **th**ús go deireadh	*from start to finish*
ó **dh**uine go duine	*from person to person*

It combines with the singular definite article to give ón:

ón áit seo	*from this place*
ón mbean	*from the woman*

It combines with the possessive adjectives a (his/its (masc.), her/its (fem.), their) and ár our to give óna, ónár:

óna athair	*from his father*
óna hathair	*from her father*
óna n-athair	*from their father*
ónár n-athair	*from our father*

It combines with the relative particles a and ar to give óna and ónar:

an t-athair **óna** dtógann / **ónar** thóg sé an nós sin
the father from whom he takes / took that habit

Usage:
It is used with the **substantive verb** / the verb teastaigh to express need or want:

cad tá (ag teastáil) uait?	*what do you want?*
theastaigh uaidh é sin a dhéanamh	*he wanted to do that*

It is used after certain adjectives to convey a range of meanings:

saor ó cháin	*tax-free*
slán ó chontúirt	*safe from danger*

roimh *before*, *in front of*
Prepositional Pronouns

romham	*before me*
romhat	*before you* sg.
roimhe	*before him, it*
roimpi	*before her, it*
romhainn	*before us*
romhaibh	*before you* pl.
rompu	*before them*

When followed by an indefinite noun, roimh lenites:

roimh dheireadh	*before (the) end*
roimh mhaidin	*before morning*

It undergoes no change when followed by the article or possessive adjectives:

roimh an teach	*before the house*
roimh na tithe	*before the houses*
roimh a bhricfeasta	*before his breakfast*
roimh a bricfeasta	*before her breakfast*
roimh a mbricfeasta	*before their breakfast*

The relative particles a and ar are not normally used with this preposition.

Usage:

It is often used idiomatically, often with other prepositional pronouns, to convey a range of meanings:

tá eagla orm roimhe	*I am afraid of him*
bhí doicheall ort roimhe	*you resented him*
tá fáilte romhat	*you are welcome*

thar *past, over, across*
Prepositional Pronouns

tharam	*past me*	tharainn	*past us*
tharat	*past you* sg.	tharaibh	*past you* pl.
thairis	*past him, it*	tharstu	*past them*
thairsti	*past her, it*		

When followed by an indefinite noun, thar generally lenites:

thar chnoc	*over a hill*
thar gheata	*past a gate*

It does not affect the initial of a following noun when it forms part of a set phrase or occurs in references of a general nature:

thar bráid	(*passing*) *by*
thar cionn	*excellent*
thar muir, thar sáile	*across the sea*

It undergoes no change when followed by the article or possessive adjectives:

thar an teach	*past the house*
thar na tithe	*past the houses*
thar a chaisleán	*past his castle*
thar a caisleán	*past her castle*
thar a gcaisleán	*past their castle*

The relative particles a and ar are not normally used with this preposition.

Usage:
It is used to translate *more than*:

thar na trí scóir	*more than sixty* (lit. *the three scores*)
thar a bheith fial	*very generous*

It is used with comparisons:

thar aon duine eile	*above all people*
ní aithním oíche thar lá	*I cannot distinguish night from day*

trí *through*
Prepositional Pronouns

tríom	*through me*	trínn	*through us*
tríot	*through you* sg.	tríbh	*through you* pl.
tríd	*through him, it*	tríothu	*through them*
tríthi	*through her, it*		

When followed by an indefinite noun, trí lenites:

trí **bh**alla	*through a wall*
trí **dh**earmad	*by (a) mistake*

Before the **singular** definite article it becomes tríd:

tríd an bpáirc	*through the field*

It combines with the possessive adjectives a (his/its (masc.), her/its (fem.), their) and ár our to give trína, trínár:

trína fhaillí	*through his negligence*
trína faillí	*through her negligence*
trínár bhfaillí	*through our negligence*
trína bhfaillí	*through their negligence*

It combines with the relative particles a and ar to give trína and trínar:

an t-urlár **trína** sileann /	*the floor through which the water leaks*
an t-urlár **trínar** shil an t-uisce	*the floor through which the water leaked*

Usage:
It is used in various adverbial phrases to convey different meanings:

tháinig mé tríd	*I survived*
trína chéile	*muddled, confused*

It is used to express the reason, cause or medium of something:

trí thaisme	*by accident*
trí Bhéarla	*in English*

um *about*, *at*
Prepositional Pronouns

umam	*about me*	umainn	*about us*
umat	*about you* sg.	umaibh	*about you* pl.
uime	*about him, it*	umpu	*about them*
uimpi	*about her, it*		

When followed by an indefinite noun, um lenites initial c, d, f, g, s, t:

um Cháisc	*at Easter*
um Nollaig	*at Christmas*
um thráthnóna	*in the evening*

It undergoes no change when followed by the article, or possessive adjectives, or relative particles:

um an teach	*about the house*
um a mheatacht	*about his cowardice*
an fáth um a bhfágfaidh	*the reason why he will leave the house*
an fáth um ar fhág sé an teach	*the reason why he left the house*

Usage:
It is used with different verbs to convey a range of meanings:

bhuail sí uime	*she met him*
ghabh sé uime	*he got dressed*

COMPOUND PREPOSITIONS

A compound preposition consists of a simple preposition followed by a noun and is **usually** followed by the genitive case. The following is a list of the more common compound prepositions:

ar aghaidh	*opposite*
ar chúl	*behind*
ar feadh	*during*
ar fud	*throughout*
ar lorg	*looking for*
ar nós	*like*
ar son	*for the sake of*
ar tí	*about to*
de bharr	*as a result of*
de réir	*according to*
de thairbhe	*because of*
faoi choinne	*for* (*the purpose of*)
faoi dhéin	*to meet*
go ceann	*to the end of*
i bhfeighil	*in charge of*
i dteannta	*along with*
i gcaitheamh	*during*
i gcoinne	*against*
i lár	*in the middle of*
i láthair	*present at*, *in the presence of*
i measc	*among*
i ndiaidh	*after*
i rith	*during*
in aghaidh	*against*
in áit	*in place of*
in éadan	*against*
in imeacht	*during*
le cois	*along with*
le haghaidh	*for*
le hais	*beside*
le linn	*during*
os cionn	*above*
os coinne	*opposite, in front of*
os comhair	*opposite*
tar éis	*after*

Examples

ar chúl an tí	*behind the house*
de bharr na hoibre	*as a result of the work*
faoi dhéin an dochtúra	*to fetch the doctor*
i bhfeighil an tí	*minding the house*
i gcaitheamh an lae	*during the day*
in éadan na gaoithe	*against the wind*
i lár na habhann	*in the middle of the river*
i measc na ndaoine	*among the people*
i ndiaidh na cainte	*after the talk*
i rith an lae	*during the day*
le haghaidh na coise tinne	*for the rainy day* **idiom**
os cionn an dorais	*above the door*
os coinne na mban	*in front of the women*
os comhair na tine	*in front of the fire*
tar éis na troda	*after the fight*

ADJECTIVES

The adjective agrees in number, gender and case (but not necessarily in declension) with the noun it qualifies and also *usually* follows it.

All adjectives belong to one of the **three** declensions.

FIRST DECLENSION

This declension consists of adjectives which end in a broad or slender consonant except those ending in - (i)úil and some ending in - (a)ir.

Singular - Genitive Masculine

If the adjective ends in a slender consonant, the ending undergoes *no change*:

    i rith an lae chiúin   *during the quiet day*

If the adjective ends in a broad consonant, the ending is made **slender**:

    hata an fhir mhói**r**   *the big man's hat*
    bun an phoill dhui**bh**   *the bottom of the black hole*

Certain adjectives which end in a broad consonant do not have their ending made slender, e.g. *most* monosyllabic words ending in a double consonant (gann, mall, teann) or - ch(t) (moch, nocht; *exception* bocht):

    ag caitheamh an airgid ghann   *spending the scarce money*
    ag bualadh an duine nocht   *beating the naked person*

With adjectives ending in - (e)ach, the ending becomes - (a)igh:

    ag moladh an fhir bhaca**igh**   *praising the lame man*

Singular - Genitive Feminine

If the adjective ends in a slender consonant, - e is suffixed to it:

barr na lainne míne	*the top of the smooth blade*
cleasa na mná glice	*the tricks of the clever woman*

If the adjective ends in a broad consonant, the ending is made **slender** and - e is suffixed to it:

lann na scine géire	*the blade of the sharp knife*
i lár na farraige móire	*in the middle of the ocean*

Certain adjectives undergo **syncopation** as well as the alteration mentioned above:

álainn	→	áille
aoibhinn	→	aoibhne
domhain	→	doimhne
ramhar	→	raimhre

uisce na habhann doimhne	*the water of the deep river*

With adjectives ending in - (e)ach, the ending becomes - (a)í:

i lár na coille uaigní	*in the middle of the lonely wood*

Singular - Vocative

The vocative singular of the adjective has the same ending as the nominative singular except in the case of those adjectives which have a special genitive singular **masculine** form. In those cases, the vocative singular masculine form of the adjective *usually* has the same ending as the genitive singular masculine form:

a bhean mhaith!	*(my) good woman!*
a bhithiúnaigh bhréagaigh!	*(you) lying rogue!*
a fhir bhig!	*(you) small man!*

Plural

Those adjectives which end in a **broad** consonant form their plural by suffixing - a:

    na fir mhóra   *the big men*

Those adjectives which end in a **slender** consonant form their plural by suffixing - e:

    na cait chiúine   *the quiet cats*

Certain adjectives undergo **syncopation** as well as the alteration mentioned above:

álainn	→	áille
aoibhinn	→	aoibhne
domhain	→	doimhne
ramhar	→	ramhra

    na daoine ramhra   *the fat people*

Adjectives with Masculine Nouns

	Singular	Plural
nom./acc.	an múinteoir mór	na múinteoirí móra
gen.	teach an mhúinteora mhóir	tithe na múinteoirí móra
dat.	leis an múinteoir mór	leis na múinteoirí móra
voc.	a mhúinteoir mhóir!	a mhúinteoirí móra!
nom./acc.	an gadaí glic	na gadaithe glice
gen.	cóta an ghadaí ghlic	cótaí na ngadaithe glice
dat.	ar an ngadaí glic	ar na gadaithe glice
voc.	a ghadaí ghlic!	a ghadaithe glice!
nom./acc.	an fear bratógach	na fir bhratógacha
gen.	hata an fhir bhratógaigh	hataí na bhfear bratógach
dat.	don fhear bratógach	do na fir bhratógacha
voc.	a fhir bhratógaigh!	a fheara bratógacha!

Adjectives with Feminine Nouns

	Singular	Plural
nom./acc.	an mháthair mhór	na máithreacha móra
gen.	teach na máthar móire	tithe na máithreacha móra
dat.	leis an máthair mhór	leis na máithreacha móra
voc.	a mháthair mhór!	a mháithreacha móra!
nom./acc.	an bhean ghlic	na mná glice
gen.	cóta na mná glice	cótaí na mban glic
dat.	ar an mbean ghlic	ar na mná glice
voc.	a bhean ghlic!	a mhná glice!
nom./acc.	an bhaintreach bhratógach	na baintreacha bratógacha
gen.	bia na baintrí bratógaí	bia na mbaintreach bratógach
dat.	don bhaintreach bhratógach	do na baintreacha bratógacha
voc.	a bhaintreach bhratógach!	a bhaintreacha bratógacha!

A List of Common First Declension Adjectives

ORDINARY ADJECTIVES:

álainn, aoibhinn, amh, ard, bán, beag, binn, bocht, bodhar, bog, borb, caoch, caol, ciallmhar, ciúin, corr, daingean, dall, dearg, deas, dílis, domhain, donn, dubh, féarmhar, fiáin, fionn, fliuch, folamh, fuar, gann, gaofar, garbh, gearr, glas, glic, gorm, greannmhar, íseal, láidir, léanmhar, leathan, liath, maith, mall, marbh, milis, mín, moch, mór, nocht, olc, ramhar, réidh, saibhir, searbh, séimh, sleamhain, teann, tearc, tinn, toll, tur, uasal, úr

ADJECTIVES THAT END WITH - (e)ach / - íoch:

achrannach, aerach, aisteach, amaideach, amhrasach, bacach, ballach, baolach, biorach, bratógach, bréagach, briotach, brocach, broghach, bunúsach, cabhrach, caifeach, carthanach, cearnach, ceathach, ceimiceach, ciontach, cleasach, clúiteach, codlatach, coinníollach, colgach, cúramach, dátheangach, déanach, deaslámhach, deisbhéalach, déistineach, díreach, dleathach, dlisteanach, dochrach, dóchasach, eachtrach, eacnamaíoch, éadóchasach, éigeantach, eolach, eolaíoch, fadálach, fadsaolach, faillíoch, fáilteach, faiteach, fealltach, feargach, feasach, feiliúnach, fiosrach, fírinneach, fóirsteanach, gaothach, garach, gníomhach, íochtarach, iontach, leadránach, lochtach, marfach, mealltach, náireach, nimhneach, ocrach, piseogach, práinneach, réasúnach, salach, scifleogach, seasmhach, sinsearach, stadach, suarach, tábhachtach, tairbheach, tostach, uaigneach

SECOND DECLENSION

This declension consists of adjectives which end in - (i)úil and some which end in - (a)ir.

Genitive Singular

The ending of the genitive singular masculine of adjectives in this declension undergoes **no change**.

In the case of the genitive singular feminine, **the final consonant is made broad** and - *a* is suffixed.

Plural

The final consonant is made broad and - a is suffixed. This ending is the same as that of the genitive singular feminine.

Adjectives with Masculine Nouns

	Singular	Plural
nom./acc.	an buachaill éirimiúil	na buachaillí éirimiúla
gen.	obair an bhuachalla éirimiúil	obair na mbuachaillí éirimiúla
dat.	faoin mbuachaill éirimiúil	faoi na buachaillí éirimiúla
voc.	a bhuachaill éirimiúil!	a bhuachaillí éirimiúla!

	Singular	Plural
nom./acc.	an duine cóir	na daoine córa
gen.	mac an duine chóir	mic na ndaoine córa
dat.	ón duine cóir	ó na daoine córa
voc.	a dhuine chóir!	a dhaoine córa!

Adjectives with Feminine Nouns

	Singular	Plural
nom./acc.	an bhanríon cháiliúil	na banríonacha cáiliúla
gen.	áras na banríona cáiliúla	árais na mbanríonacha cáiliúla
dat.	leis an mbanríon cháiliúil	leis na banríonacha cáiliúla
voc.	a bhanríon cháiliúil!	a bhanríonacha cáiliúla!

	Singular	Plural
nom./acc.	an aintín chóir	na haintíní córa
gen.	teach na haintín córa	teach na n-aintíní córa
dat.	roimh an aintín chóir	roimh na haintíní córa
voc.	a aintín chóir!	a aintíní córa!

A List of Common Second Declension Adjectives

Adjectives that end with - (i)úil:

acadúil, áisiúil, áitiúil, báúil, bliantúil, bródúil, bunreachtúil, cáiliúil, ceanúil, coiriúil, comharsanúil, compordúil, croíúil, dathúil, deisiúil, dlíthiúil, dóighiúil, éagsúil, éirimiúil, féiltiúil, flaithiúil, fuinniúil, geanúil, gnaíúil, inniúil, laethúil, leisciúil, measúil, meisciúil, misniúil, postúil, spéisiúil, suimiúil, tráthúil

Adjectives that end with - (a)ir:

cóir, deacair, socair

THIRD DECLENSION

This declension consists of adjectives which end in a vowel. The endings of adjectives in this declension never undergo any change except in the case of:

a   breá ➜ breátha in gen. sg. fem. and pl.

and

b   te ➜ teo in pl.

Adjectives with Masculine Nouns

	Singular	Plural
nom./acc.	an cléireach dána	na cléirigh dhána
gen.	peann an chléirigh dhána	pinn na gcléireach dána
dat.	don chléireach dána	do na cléirigh dhána
voc.	a chléirigh dhána!	a chléireacha dána!

Adjectives with Feminine Nouns

	Singular	Plural
nom./acc.	an iníon fhalsa	na hiníonacha falsa
gen.	éadaí na hiníne falsa	éadaí na n-iníonacha falsa
dat.	ón iníon fhalsa	ó na hiníonacha falsa
voc.	a iníon fhalsa!	a iníonacha falsa!

A List of Common Third Declension Adjectives

ábalta, aclaí, aibí, aosta, blasta, bómánta, breá, buí, calma, ceanndána, céillí, cineálta, cinnte, cneasta, corcra, cróga, crosta, cuí, cumhra, dána, dearfa, diaga, diaganta, ealaíonta, éiginnte, fada, faiseanta, falsa, fiata, fileata, foirfe, gasta, ginearálta, gonta, gránna, graosta, iargúlta, leanbaí, líofa, meata, mírialta, morálta, múinte, néata, rialta, sásta, sona, sothuigthe, spadánta, tapa, te, teasaí, teibí, teolaí, teoranta, tintrí, tíoránta, uaine

GENITIVE PLURAL OF ALL DECLENSIONS

As in the case of the genitive plural of the noun, the adjective sometimes uses its nom. sg. form and, at other times, its nom. pl. form. Since the adjective agrees with the noun it qualifies in number, gender and case, it also agrees with the noun in this respect. If the noun uses its nom. sg. form, the adjective does likewise and, if the nom. pl. of the noun is used, the adjective follows suit:

nom. sg.	nom. pl.	gen. pl.
an t-asal mór	na hasail mhóra	na n-asal mór
an bhróg dhubh	na bróga dubha	na mbróg dubh
an duine maith	na daoine maithe	na ndaoine maithe
an madra ciúin	na madraí ciúine	na madraí ciúine
an bhean fhionn	na mná fionna	na mban fionn

NOTE: no matter what form of the adjective is used in the gen. pl., the initial consonant is ***never*** lenited.

LENTION OF ADJECTIVES

1 The initial consonant of the adjective is lenited when the noun it qualifies and which immediately precedes it is:

a feminine, singular and in the nom./acc., dat. and voc. cases:

an bhean mhaith (**nom./acc.**)   ar an mbean mhaith **dat.**
don bhean mhaith **dat.**   a bhean mhaith! **voc.**

b masculine, singular and in the gen. and voc. cases:

hata an fhir mhóir **gen.**   a fhir mhóir! **voc.**

NOTE: the tendency in Ulster Irish generally is to lenite the initial consonant of the adjective in the dat. sg. whether the noun is masc. or fem., e.g. ar an fhear mhór, ar an bhean mhór, ón iascaire bheag, ón bhó bheag.

c in the plural and ends in a slender consonant:

cinn bheaga **nom./acc.**   ar na hasail dhubha (**dat.**)

Summary of a , b and c

	Singular		Plural	
Case	**Masc.**	**Fem.**		
nom./acc.	-	L	L	when noun
gen.	L	-	L	ends in
dat.	-	L	L	slender
voc.	L	L	L	consonant

NOTE: L = lenition of initial consonant of adjective.

d preceded by the numeral d(h)á:

dhá chapall dhonna   an dá shiopa ghnóthacha

e in the singular and preceded by the cardinal numbers from 3 to 10:

ceithre chat dhubha   seacht mbord ghlana

f   beirt:

> **beirt** bheaga   an **bheirt** mhóra

g   preceded by beirt:

> an **bheir**t fhear mhóra   teach na **beirte** fear mhóra

2   The initial consonant of the adjective is lenited when it is preceded by all forms of the copula (viz. ba, ar, gur, níor, nár etc.) in the past tense and conditional mood:

> **ba** dheas an lá é   dúirt sé **gur bh**reá leis imeacht
> **ar** mhaith leat tae?   **nár** dheas an smaoineamh é?
> **níor** mhór an cúnamh é

3   The initial consonant of the adjective is lenited when it occurs in the construction idir + **adj.** + agus + **adj.** meaning ***both***:

> **idir** bheag **agus** mhór   *both big and small*
> **idir** shean **agus** óg   *both old and young*

POSSESSIVE ADJECTIVES

mo	*my*	
do	*your* sg.	⎤ **All followed by lenition**
a	*his, its* masc.	⎦

mo → m' and do → d' before vowel or f followed by vowel:

mo bhád	*my boat*	d'éadan	*your forehead*
m'aghaidh	*my face*	a charr	*his car*
do chapall	*your horse*	a úll	*his apple*

a - *her, its* fem.

Prefixes h to vowels:

a teach	*her house*	a hathair	*her father*

ár	*our*	
bhur	*your* pl.	⎤ **All followed by eclipsis**
a	*their*	⎦

ár n-athair	*our father*
ár dteach	*our house*
bhur n-ainmneacha	*your* pl. *names*
bhur gcuid airgid	*your* pl. *money*
a bhfoireann	*their team*
a n-aintín	*their aunt*

PREPOSITIONS AND POSSESSIVE ADJECTIVES

All the simple prepositions which end in a consonant (e.g. ag, ar, as, chuig, roimh, thar) undergo no change when followed by possessive adjectives:

ag m'athair	*at my father*	chuig a seomra	*to her room*
ar do shrón	*on your* sg. *nose*	roimh ár mbricfeasta	*before our breakfast*
as a theach	*out of his house*	thar bhur ngeata	*past your* pl. *gate*

The following simple prepositions which end in a vowel, i.e. faoi, i, le, ó, trí combine with the 3 sg./pl. and 1 pl. possessive adjectives (a / ár) as follows:

	3 sg./pl.	1 pl.
faoi	faoina	faoinár
i	ina	inár
le	lena	lenár
ó	óna	ónár
trí	trína	trínár

NOTE: the simple preposition i ➜ in before bhur 2 pl. possessive adjective.

In the case of the simple prepositions de and do, the following happens:

	3 sg./pl.	1 pl.
de, do	dá	dár

faoina chathaoir	*under his chair*
ina haghaidh	*in her face*
lena gcabhair	*with their help*
ónár gcairde	*from our friends*
trína chroí	*through his heart*
dá hainneoin	*in spite of her*
dá gclann	*to their family*

VERBS REQUIRING PREPOSITION I
AND POSSESSIVE ADJECTIVES

The verbs involved here are: codladh, cónaí, dúiseacht, luí, seasamh, suí

The construction required here is:

substant. verb	subject	i prep.	possess. adj.	vb. noun
tá	mé	i	mo	chodladh
níl	tú	i	do	chónaí
bhí	sé	ina		dhúiseacht
ní raibh	sí	ina		luí
beimid		inár		seasamh
bhíodh	sibh	in	bhur	suí
an bhfuil	siad	ina		gcodladh?

IDIOMATIC USE OF POSSESSIVE ADJECTIVES

A fossilized form of the possessive adjective a 3rd sg. masc. is sometimes used in certain idiomatic phrases:

a chéile   *each other*   a lán   *a lot, much*   a thuilleadh   *more*

ní fhaca siad a chéile le fada   *they had not seen each other for a long time*
bhí a lán daoine i láthair   *many people were present*
níl siad ann a thuilleadh   *they are not there any more*

COMPARISON OF ADJECTIVES

As a general rule, the comparative and superlative forms of the adjective are the same as their genitive singular feminine forms.

níos (ní ba + lenition in past tense/conditional mood, ní b' + lenition before vowel or f + vowel) precedes the comparative forms, is (ba + lenition in past tense/conditional mood, ab + lenition before vowel or f + vowel) precedes the superlative forms.

Forms in the present/future tense

positive	comparative	superlative
gorm	níos goirme	is goirme
glic	níos glice	is glice
álainn	níos áille	is áille
fairsing	níos fairsinge	is fairsinge
bacach	níos bacaí	is bacaí
uaigneach	níos uaigní	is uaigní
cáiliúil	níos cáiliúla	is cáiliúla
dathúil	níos dathúla	is dathúla
cóir	níos córa	is córa
dána	níos dána	is dána
breá	níos breátha	is breátha

Forms in the past tense/conditional mood

positive	comparative	superlative
gorm	ní ba ghoirme	ba ghoirme
glic	ní ba ghlice	ba ghlice
álainn	ní b'áille	ab áille
fairsing	ní b'fhairsinge	ab fhairsinge

There are some irregular forms of which the following are the most common:

positive	comparative	superlative
beag	níos lú	is lú
fada	níos faide	is faide
furasta	níos fusa	is fusa
gearr	níos giorra	is giorra
maith	níos fearr	is fearr
mór	níos mó	is mó
olc	níos measa	is measa
te	níos teo	is teo

ADVERBS

The usual way to form an adverb from an adjective is simply to put the particle go before it:

duine **feargach**	*an angry person*
go **feargach**	*angrily*
bean **mhaith**	*a good woman*
tá mé **go maith**	*I am fine*
gasúr **ciúin**	*a quiet boy*
go **ciúin**	*quietly*

NOTE: go prefixes h to vowels.

It sometimes happens that the go is dropped:

dhá mhíle **glan**	*two miles exactly*
díreach in am	*just in time*
labhair **measartha ard**!	*speak reasonably loud!*

ADVERBS OF TIME

The following are common adverbs of time which ***never*** undergo any change:

amárach	*tomorrow*
feasta	*from now on*
anois	*now*
fós	*yet, still*
anuraidh	*last year*
go fóill	*yet, still*
aréir	*last night*
i mbliana	*this year*
arís	*again*
inniu	*today*
ar maidin	*in the morning*
inné	*yesterday*
anocht	*tonight*
láithreach	*immediately*
fadó	*long ago*
riamh	*(n)ever*

ADVERBS OF DIRECTION

isteach   **istigh**   **amach**   **amuigh**

amach	*out*(*wards*)	motion	téann sé amach	*he goes out*
amuigh	*out*(*side*)	rest	tá sé amuigh	*he is outside*
isteach	*in*(*wards*)	motion	tagann sí isteach	*she comes in*
istigh	*in*(*side*)	rest	tá sí istigh	*she is inside*

anonn / sall

abhus   **thall**

anall

anonn / sall	*over*	motion	téann sé anonn / sall	*he goes over*
thall	*over*	rest	tá sé thall	*he is over*
anall	*back*	motion	tagann sé anall	*he comes back*
abhus	*here*	rest	tá sé abhus	*he is here*

thuas

anuas   **suas**

aníos   **síos**

thíos

suas	*up*(*wards*)	motion
thuas	*up*	rest
anuas	*down*(*wards*) (*from above*)	motion
síos	*down*(*wards*)	motion
thíos	*down*	rest
aníos	*up*(*wards*) (*from below*)	motion

rith **suas** an staighre!	*run up the stairs!*
tá sí **thuas** san áiléar	*she is up in the attic*
thit úll **anuas** ó chrann	*an apple fell down off a tree*
síos go hIfreann leat!	*down to Hell with you!*
fan **thíos** ar íochtar!	*stay down below!*
tar **aníos** as an tobar!	*come up out of the well!*

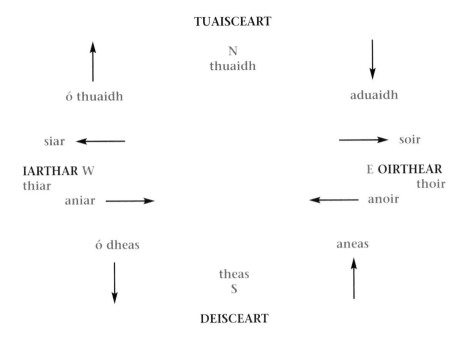

Examples:

rachaimid **soir** ó Ghaillimh go Baile Átha Cliath inniu agus tiocfaimid **anoir** arís amárach
we will go east(*wards*) *from Galway to Dublin today and we will return* (lit. *come from the east*) *again tomorrow*

rachaimid **ó thuaidh** ó Ghaillimh go Sligeach inniu agus tiocfaimid **aduaidh** arís amárach
we will go north(*wards*) *from Galway to Sligo today and we will return* (lit. *come from the north*) *again tomorrow*

rachaimid **siar** ó Bhaile Átha Cliath go Gaillimh inniu agus tiocfaimid **aniar** arís amárach
we will go west(*wards*) *from Dublin to Galway today and we will return* (lit. *come from the west*) *again tomorrow*

rachaimid **ó dheas** ó Shligeach go Corcaigh inniu agus tiocfaimid **aneas** arís amárach
we will go south(*wards*) *from Sligo to Cork today and we will return* (lit. *come from the south*) *again tomorrow*

EMPHATIC SUFFIXES

Emphatic suffixes are added to nouns and adjectives (when preceded by possessive adjectives), prepositional pronouns and synthetic forms of the verb. The various forms they assume are:

1 sg.	- sa / - se	1 pl.	- na / - ne (with verb/ adjective/noun)
2 sg.	- sa / - se		- e (with 1 pl. prep. pron. and sinn)
3 sg. masc.	- san / - sean	2 pl.	- sa / - se
3 sg. fem.	- sa / - se	3 pl.	- san / - sean

The **broad** suffixes (- sa / - san / - na) are used when the preceding consonant or vowel is broad.

The **slender** suffixes (- se / - sean / - ne / - e) are used when the preceding consonant or vowel is slender.

Examples:

mo cheann**sa**	mo chistin**se**	mo chos-**sa**
do cheann**sa**	do chistin**se**	do chos-**sa**
a cheann**san**	a chistin**sean**	a chos-**san**
a ceann**sa**	a cistin**se**	a cos-**sa**
ár gcinn-**ne**	ár gcistin-**ne**	ár gcosa**na**
bhur gcinn**se**	bhur gcistin**se**	bhur gcosa**sa**
a gcinn**sean**	a gcistin**sean**	a gcosa**san**

More examples:

mo theach**sa**	mo chairde**se**
a athair mór**san**	a bpáistí ciúine**sean**
dúramar**na** é	rachaimid**ne** amach
is linn**e** é	sinn**e** a bhí ann

NOTE: a **hyphen** precedes these emphatic suffixes when the preceding word ends in the same consonant as the emphatic suffix:

mo chás-**sa**	ár n-oileán-**na**	a cúis-**se**

106

PRONOUNS

PRONOUN AS OBJECT OF VERBAL NOUN

In Irish, a pronoun cannot be used as the direct object of a verbal noun e.g. ag déanamh é / *doing it*, ag moladh mé / *praising me*, ag bualadh iad / *beating them*.

Instead, a different construction is used, viz. prep. *do / ag + possessive adjective + verbal noun, with appropriate changes and mutations.

*NOTE: the prepositions ag and do can interchange except in 3rd sg./pl.

The pattern is as follows:

*do / ag mo mholadh	*praising me*
*do / ag do mholadh	*praising you* sg.
á mholadh	*praising him, it*
á moladh	*praising her, it*
dár / ag ár moladh	*praising us*
do / ag bhur moladh	*praising you* pl.
á moladh	*praising them*

*NOTE: do m' / do d' before a verbal noun which begins with a vowel or f + vowel:

do m'agairt	*imploring me*

PRONOUN - EA

This is a 3 sg. neuter pronoun which can **only** be used with the copula.

NOTE: it does not translate the ordinary *it* in English as that is translated by the masculine or feminine pronouns in Irish.

Usage:

It is often used for purposes of emphasis, the information emphasised being placed at the head of the sentence followed by the positive, independent form of the copula in appropriate tense, then by ea and then by the subject noun, pronoun or other:

múinteoir is ea é	*he is a teacher*
falsóirí is ea na Gaeil	*the Irish are lazy*
thall i Sasana is ea atá sé	*over in England is where he is*

It is also used with the copula in a yes/no context:

an doras é sin?	*is that a door?*
*is ea / ní hea	*yes / no*
an fuinneog í sin?	*is that a window?*
is ea / ní hea	*yes / no*
an amadán é Seán?	*is John a fool?*
is ea / ní hea	*yes / no*
an leabhar maith é?	*is it a good book?*
is ea / ní hea	*yes / no*

*NOTE: is ea is often contracted to sea in speech.

SUBJECT PRONOUNS

The following pronouns are used when they are the **subject** of the verb:

mé	*I*
tú	*you* sg.
sé	*he, it* masc.
sí	*she, it* fem.
muid / sinn	*we*
sibh	*you* pl.
siad	*they*

NOTE: Irish does not need a word for *it* since all objects are either masculine or feminine and are referred to as *he* or *she*. NOTE ALSO: the subject pronoun is not used with synthetic forms of the verb:

chuala mé an glór	is mé a tháinig isteach
rinne tú é	is tú an t-amadán
déanann sé an obair	níor ith sé an bia
d'ól sí an deoch	ní imeoidh sí anois

All the above can be used with the **copula** except sé, sí and siad.

OBJECT PRONOUNS

The following pronouns are used when they are the **object** of the verb:

mé	*I, me*
thú	*you* sg.
é	*he, him, it* masc.
í	*she, her, it* fem.
muid / sinn	*we, us*
sibh	*you* pl.
iad	*they, them*

chuala sé mé	is mé a rinne é
chonaic mé thú	aithním thú
fuair mé é	is é a bhí ann
phóg mé í	is í atá ag teacht

All the above can be used with the **copula** except thú.

EMPHATIC SUBJECT PRONOUNS

mise	*I*
tusa	*you* sg.
seisean	*he, it* masc.
sise	*she, it* fem.
muidne / sinne	*we*
sibhse	*you* pl.
siadsan	*they*

chuala **mise** é	is **mise** a tháinig isteach
rinne **tusa** sin	is **sibhse** na hamadáin
déanann **seisean** é	níor ith **siadsan** an bia
d'ól **sise** a deoch féin	ní **muidne** a rinne é

All the above can be used with the **copula** except seisean, sise and siadsan.

EMPHATIC OBJECT PRONOUNS

mise	*I, me*
thusa	*you* sg.
eisean	*he, him, it* masc.
ise	*she, her, it* fem.
muidne / sinne	*we, us*
sibhse	*you* pl.
iadsan	*they, them*

chuala sé **mise**	is **muidne** a rinne é
chonaic mé **thusa**	aithním **thusa**
bhuail mé **eisean**	is **iadsan** a bhí ann
ise a dúirt é	ní **eisean** a rinne é
gabh **thusa** amach!	luigh **thusa** síos!

All the above can be used with the **copula** except thusa.
thusa is also used instead of an emphatic suffix with a verb in the imperative mood.

DEMONSTRATIVES

seo	*this* (pl. *these*)
sin	*that* (pl. *those*)
siúd / úd	*that, yon(der)* (pl. *those, yon(der)*)

They are used as the direct object of a **transitive** verb (but *not* of a verbal noun):

déan **sin** anois!	*do that now!*
ith **seo** láithreach!	*eat this immediately!*
ná creid **siúd**!	*don't believe that!*

NOTE: to make a demonstrative the direct object of a verbal noun (**e.g.** *doing this*, *saying that*, *praising those*), use á (followed by appropriate mutation after various 3rd sg., masc. and fem., 3rd pl. poss. adj.) + **verbal noun + demonstrative**:

á dhéanamh **seo**	*doing this* sg., masc.
á moladh **sin**	*praising that* sg., fem.
á gcáineadh **siúd**	*finding fault with those*

They are used at the beginning of a phrase or sentence with the copula understood, mostly to indicate people/things or for purposes of highlighting:

seo (í) mo mháthair	*this is my mother*
sin deireadh anois	*that is all now*
seo (é) do sheans	*this is your chance*
siúd (í) an fhírinne	*that is the truth*

They are most commonly used preceded by the definite article and noun:

an fear **seo**	*this man*
an bhean **sin**	*that woman*
ón duine **úd***	*from yonder person*
na fir **seo**	*these men*
na mná **sin**	*those women*
na daoine **úd***	*yonder people*

NOTE: *úd is used instead of siúd in this case.

They are used with the 3rd sg./pl. prepositional pronouns which precede them:

thairis seo	*past this*
ag caint **fúithi sin**	*talking about that person* fem.
tabhair **dóibh siúd** é!	*give it to them!*
roimhe seo	*before this*
leis sin	*with that, thereupon*
ag díriú **orthu siúd**	*focusing on those*
tá brón orm faoi sin	*I am sorry about that*

They are used with the 3rd sg./pl. object and subject pronouns (s)é, (s)í, (s)iad:

tá sé seo réidh	*this is ready*
chonaic mé é sin	*I saw that* (*one*) masc.
an bhfuil sí sin tinn?	*is she* emph. / *that one* fem. *sick?*
an bhfaca tú í sin?	*did you see her* emph. / *that one?* (fem.)
cá bhfuil siad siúd?	*where are they* emph. / *those?*
iad siúd, an ea?	*do you mean them* emph. / *those ones?*

They are commonly used after the interrogative particles cé / cad followed by the 3rd sg./pl. object pronouns:

cé hí seo?	*who is this?* fem.
cad é seo?	*what is this?*
cé hiad sin?	*who are they?*

seo is commonly used in the following phrases:

seo dhuit	*here you are* sg.
seo dhaoibh	*here you are* pl.

NOTE: the initial of sin is lenited in the phrase ó shin = *ago:*

fada ó shin	*long ago*
seachtain ó shin	*a week ago*

h BEFORE VOWELS

NOUNS

h is prefixed to initial vowels of nouns after:

1 the forms of the article na:

    a   in the genitive singular feminine:

trasna na habhann	*across the river*
ag déanamh na hoibre	*doing the work*

    b   in the nominative / accusative / dative plural:

tá na héin ina gcodladh	*the birds are sleeping*
mharaigh mé na héisc	*I killed the fish*
amuigh ar na hoileáin	*out on the islands*

2 the prepositions go and le:

ó áit go háit	*from place to place*
le hór agus le hairgead	*with gold and silver*

3 the 3rd singular, feminine, possessive adjective a:

a hathair	*her father*
a hiníon	*her daughter*

4 Dé in case of Friday:

Dé hAoine	*on Friday*

5 the negative form of the copula ní in certain cases:

ní hionadh	*it is no wonder*
ní hamháin sin	*not only that*
ní hionann é	*it is not the same thing*

6 Ó in surnames:

Seán Ó hUiginn	*John Higgins*

7 The interrogative cá:

cá háit   *where?*   cá huair?   *when?*

NOTE: cá can only be used with a few nouns.

8 ordinal numbers except c(h)éad:

an **dara** háit   *the second place*
an **tríú** hasal   *the third donkey*

9 the cardinal numbers from **3** until **6** when the plural form of the noun is used:

trí huain   *three lambs*
ceithre huaire   *four times*
cúig háiteanna   *five places*

ADJECTIVES, NUMBERS, PRONOUNS

h is prefixed to initial vowels

1 of adjectives after cá, chomh, le, go:

cá hard é?   *how high is it?*
chomh hálainn leo!   *how beautiful they are!*
le haon chuidiú   *with any help*
go hard sa spéir   *high in the sky*

2 of cardinal numbers aon and ocht after a (the particle used with non-adjectival numerals) and the definite article na:

a haon a chlog   *one o' clock*
a hocht nó a naoi   *eight or nine*
na hocht n-asal   *the eight donkeys*
sneachta **na** haon oíche   *the one night snow*

3 of num. adjective aon after ní:

ní haon iontaoibh é   *he is not to be trusted*
ní haon ghaisce é   *it is no great achievement*
ní haon dóithín é   *it is no joke*

114

4 of pronouns é, í, iad, ea* after cé, ní, le:

cé hé / hí / hiad?	*who is he / she / are they?*
ní hé / hí / hiad / hea*	*not he / her / them, no*
le hé / hí / hiad a mharú	*to kill him / her / them*

*only with ní

5 in phrases:

ní hansa	*it is not difficult*
ní hamháin	*not only*
ní hionann	*is not the same*
ní hamhlaidh	*not so*

6 of verb in imperative mood after negative particle ná:

ná hól é sin!	*don't drink that!*
ná hith an t-arán!	*don't eat the bread!*

t BEFORE VOWELS AND s

1 After the singular definite article an in the nom./acc. singular, t- (with hyphen except before capital letter) is prefixed to:

   a   initial vowels of masculine nouns:

feicim **an** t-asal	*I see the donkey*
tá **an** t-ór sa mhála	*the gold is in the bag*
ith **an** t-im!	*eat the butter!*
tá **an** tAifreann thart	*the Mass is over*

   b   initial vowels of aon, aonú, *ocht, ochtó, ochtódú, ochtú (except in a genitive situation):

an t-aon lá / bhean amháin	*the one day / woman*
an t-aonú fear / háit	*the first man / place*
an t-ochtó fear / bean	*the eighty men / women*
an t-ochtódú fear / háit	*the eightieth man / place*
an t-ochtú fear / háit	*the eighth man / place*
cuir isteach **an** *t-ocht!	*put in the eight*

* Only in special circumstances

2 After the singular definite article an, t without hyphen is prefixed to initial s + vowel, sl, sn, sr + vowel:

   a   in the nom./acc. and dat. cases of feminine, singular nouns:

an **t**súil seo	*this eye*
uair sa **t**seachtain	*once a week*
ar an **t**sráid	*on the street*

   b   in the gen. case of masculine, singular nouns:

teach an **t**sagairt	*the priest's house*
doras an **t**siopa	*the shop door*

   c   in the gen. case of séú, seachtú:

airgead an **t**séú fear / an **t**séú fir	*the sixth man's money*
i rith an **t**seachtú mí	*during the seventh month*

   d   in the gen. case of seisear, seachtar:

airgead an **t**seisear ban	*the six women's money*
obair an **t**seachtar múinteoirí	*the seven teachers' work*

THE VERB

GENERAL

The Irish verb has *four* tenses, **present, future, past** and **past continuous / habitual / progressive** (= imperfect).
The Irish verb has *three* moods (four if one counts the **indicative**), **imperative, conditional** and **subjunctive**.
The Irish verb has *three* persons and *two* numbers, **1st** sg./pl., **2nd** sg./pl., **3rd** sg./pl.

Person in the verbal form is marked by a **synthetic** form of the verb, viz. the subject pronoun is suffixed to the verb, e.g. cuirim (*I put*), cuirfimid (*we will put*), chuirfeá (*you would put*) **or** by an **analytic** form of the verb, viz. the subject pronoun is separate from the verb, e.g. chuir mé (*I put*), cuireann siad (*they put*), chuirfeadh sibh (*you* pl. *would put*).
Synthetic forms of verbs, in conjunction sometimes with initial mutations, indicate person, number and tense. Generally speaking, the analytic forms of the verb are more widely used than the synthetic forms in Irish and progressively more so as one proceeds northwards in Ireland.

THE IMPERSONAL FORM OF THE VERB

The Irish verb has an impersonal or passive = autonomous for m in every tense. This passive form of the verb indicates that something is done without specifying who does it:

óladh an bainne aréir	*the milk was drunk last night*
déantar an obair gach lá	*the work is done every day*

THE RELATIVE FORM OF THE VERB

Connaught and Ulster often use a special **relative** form of the verb but only in the present and future tenses.
There are regular verbs in Irish, ten irregular verbs and the two verbs *to be,* viz. the substantive verb bí and the copula is.
Irish verbs are usually listed in dictionaries under their 2nd singular, imperative forms:

mol   bris   ith

THE INDEPENDENT AND DEPENDENT FORMS OF THE VERB

The **independent** form of the verb is that which is used:

a   when the verb stands alone, i.e. not preceded by any verbal particle:

tar isteach!	*come in!*
feicim é	*I see him*
tháinig sé inné	*he came yesterday*

b   when preceded by ó in a positive context, má, mar (= *because*), óir (*because*), cé, cathain, a (direct rel. part.) etc:

ó bhí sé anseo	*since he was here*
má thagann sí anois	*if she comes now*
mar tá siad ann	*because they are there*
óir d'imigh sé	*because he left*

The **dependent** form of the verb is that which is used after the preverbal particles ní(or), an / ar, go / gur, nach / nár, sula(r), mura(r), a(r) (indir. rel. particle) etc:

ní raibh sé anseo	*he was not here*
sula dtiocfaidh sí	*before she comes*
an bhfuil tú go maith?	*are you well?*
murar imigh sé	*unless he left*

THE REGULAR VERB

There are two **conjugations** = categories of r egular verbs in Irish, viz. the first conjugation and the second conjugation.

The **first** conjugation consists of verbs:

a   with monosyllabic roots:

mol   bris

b   with polysyllabic roots ending in -áil and some other polysyllabic verbs:

sábháil   reáchtáil

c   with polysyllabic roots other than those in b:

>   tionóil   adhlaic

The **second** conjugation consists of verbs:

a   with polysyllabic roots ending in - (a)igh:

>   ceann**aigh**   cruinn**igh**

b   with polysyllabic roots ending in- (a)il, - (a)in, - (a)ir, - (a)is which
    are syncopated when conjugated:

>   im**ir**   in**is**   ceang**ail**

c   with polysyllabic roots which are not syncopated when conjugated:

>   freastail   tarraing

In the following tables, examples for each conjugation consist of verbs which
end in broad and slender roots:

broad	mol	ceannaigh
slender	cuir	cruinnigh

The Present Tense

FIRST CONJUGATION - CATEGORY 1 A

	Broad	Slender
1 sg.	molaim	cuirim
2 sg.	molann tú	cuireann tú
3 sg.	molann sé, sí	cuireann sé, sí
1 pl.	molaimid	cuirimid
2 pl.	molann sibh	cuireann sibh
3 pl.	molann siad	cuireann siad
Passive	moltar	cuirtear

FIRST CONJUGATION - CATEGORY 1 B

	Broad	Slender
1 sg.	reáchtálaim	tiomáinim
2 sg.	reáchtálann tú	tiomáineann tú
3 sg.	reáchtálann sé, sí	tiomáineann sé, sí
1 pl.	reáchtálaimid	tiomáinimid
2 pl.	reáchtálann sibh	tiomáineann sibh
3 pl.	reáchtálann siad	tiomáineann siad
Passive	reáchtáiltear	tiomáintear

To form the present tense, add - (a)im, - (a)imid, - (e)ann tú / sé / sí / sibh / siad to the root for personal forms and - t(e)ar for the impersonal or passive forms.

There are only two synthetic forms of the verb in the present tense, viz. 1 sg. - (a)im, 1 pl. - (a)imid.

NOTE: the -t- in reáchtáiltear is slender.

NOTE: a relative ending - (e)as or variant thereof is widely used in Ulster and Connaught.

The Present Tense

SECOND CONJUGATION - CATEGORY 2 A

	Broad	**Slender**
1 sg.	ceannaím	cruinním
2 sg.	ceannaíonn tú	cruinníonn tú
3 sg.	ceannaíonn sé, sí	cruinníonn sé, sí
1 pl.	ceannaímid	cruinnímid
2 pl.	ceannaíonn sibh	cruinníonn sibh
3 pl.	ceannaíonn siad	cruinníonn siad
Passive	ceannaítear	cruinnítear

SECOND CONJUGATION - CATEGORY 2 B

	Broad	**Slender**
1 sg.	labhraím	imrím
2 sg.	labhraíonn tú	imríonn tú
3 sg.	labhraíonn sé, sí	imríonn sé, sí
1 pl.	labhraímid	imrímid
2 pl.	labhraíonn sibh	imríonn sibh
3 pl.	labhraíonn siad	imríonn siad
Passive	labhraítear	imrítear

To form the present tense, add - (a)ím, - (a)ímid, - (a)íonn tú / sé / sí / sibh / siad to the root for personal forms and - (a)ítear for the impersonal or passive forms.

There are only two synthetic forms of the verb in the present tense, viz. 1 sg. - (a)ím, 1 pl. - (a)ímid.

NOTE: a relative ending - (a)íos (or variant thereof) is widely used in Ulster and Connaught.

The Past Tense

FIRST CONJUGATION - CATEGORY 1 A

	Broad	**Slender**
1 sg.	mhol mé	chuir mé
2 sg.	mhol tú	chuir tú
3 sg.	mhol sé, sí	chuir sé, sí
1 pl.	mholamar	chuireamar
2 pl.	mhol sibh	chuir sibh
3 pl.	mhol siad	chuir siad
Passive	moladh	cuireadh

FIRST CONJUGATION - CATEGORY 1 B

	Broad	**Slender**
1 sg.	reáchtáil mé	thiomáin mé
2 sg.	reáchtáil tú	thiomáin tú
3 sg.	reáchtáil sé, sí	thiomáin sé, sí
1 pl.	reáchtálamar	thiomáineamar
2 pl.	reáchtáil sibh	thiomáin sibh
3 pl.	reáchtáil siad	thiomáin siad
Passive	reáchtáladh	tiomáineadh

To form the past tense, lenite the initial consonant of the verb and prefix d′ if the initial letter is f or a vowel, e.g. d′fhág, d′ól.

The only synthetic form of the verb in the past tense is 1 pl. - (e)amar and - (e)adh is the passive ending.

In the passive forms, the initial consonant of the regular verb is **never** lenited and initial f and vowels remain unaffected, e.g. óladh, fágadh.

The Past Tense

Second Conjugation - Category 2 A

	Broad	Slender
1 sg.	cheannaigh mé	chruinnigh mé
2 sg.	cheannaigh tú	chruinnigh tú
3 sg.	cheannaigh sé, sí	chruinnigh sé, sí
1 pl.	cheannaíomar	chruinníomar
2 pl.	cheannaigh sibh	chruinnigh sibh
3 pl.	cheannaigh siad	chruinnigh siad
Passive	ceannaíodh	cruinníodh

Second Conjugation - Category 2 B

	Broad	Slender
1 sg.	labhair mé	d'imir mé
2 sg.	labhair tú	d'imir tú
3 sg.	labhair sé, sí	d'imir sé, sí
1 pl.	labhraíomar	d'imríomar
2 pl.	labhair sibh	d'imir sibh
3 pl.	labhair siad	d'imir siad
Passive	labhraíodh	imríodh

The only synthetic form of the verb in the past tense is 1 pl. - (a)íomar and - (a)íodh is the passive ending.

The Future Tense

FIRST CONJUGATION - CATEGORY 1 A

	Broad	**Slender**
1 sg.	molfaidh mé	cuirfidh mé
2 sg.	molfaidh tú	cuirfidh tú
3 sg.	molfaidh sé, sí	cuirfidh sé, sí
1 pl.	molfaimid	cuirfimid
2 pl.	molfaidh sibh	cuirfidh sibh
3 pl.	molfaidh siad	cuirfidh siad
Passive	molfar	cuirfear

FIRST CONJUGATION - CATEGORY 1 B

	Broad	**Slender**
1 sg.	reáchtálfaidh mé	tiomáinfidh mé
2 sg.	reáchtálfaidh tú	tiomáinfidh tú
3 sg.	reáchtálfaidh sé, sí	tiomáinfidh sé, sí
1 pl.	reáchtálfaimid	tiomáinfimid
2 pl.	reáchtálfaidh sibh	tiomáinfidh sibh
3 pl.	reáchtálfaidh siad	tiomáinfidh siad
Passive	reáchtálfar	tiomáinfear

To form the future tense, add - f(a)idh mé / tú / sé / sí / sibh / siad, - f(a)imid to the root for personal forms and - f(e)ar for the passive forms.

There is only one synthetic form of the verb in the future tense, viz. 1 pl. - f(a)imid.

NOTE: a relative ending - f(e)as is used in Ulster and Connaught.

The Future Tense

SECOND CONJUGATION - CATEGORY 2 A

	Broad	Slender
1 sg.	ceannóidh mé	cruinneoidh mé
2 sg.	ceannóidh tú	cruinneoidh tú
3 sg.	ceannóidh sé, sí	cruinneoidh sé, sí
1 pl.	ceannóimid	cruinneoimid
2 pl.	ceannóidh sibh	cruinneoidh sibh
3 pl.	ceannóidh siad	cruinneoidh siad
Passive	ceannófar	cruinneofar

SECOND CONJUGATION - CATEGORY 2 B

	Broad	Slender
1 sg.	labhróidh mé	imreoidh mé
2 sg.	labhróidh tú	imreoidh tú
3 sg.	labhróidh sé, sí	imreoidh sé, sí
1 pl.	labhróimid	imreoimid
2 pl.	labhróidh sibh	imreoidh sibh
3 pl.	labhróidh siad	imreoidh siad
Passive	labhrófar	imreofar

To form the future tense, add - óidh mé / tú / sé / sí / sibh / siad, - óimid broad and - eoidh mé / tú / sé / sí / sibh / siad, - eoimid slender to the root for personal forms and - ófar or - eofar for the passive forms.

There is only one synthetic form of the verb in the future tense, viz. 1 pl. - óimid / - eoimid.

NOTE: a relative ending - ós or - eos is used in Ulster and Connaught.

The Conditional Mood

FIRST CONJUGATION - CATEGORY 1 A

	Broad	Slender
1 sg.	mholfainn	chuirfinn
2 sg.	mholfá	chuirfeá
3 sg.	mholfadh sé, sí	chuirfeadh sé, sí
1 pl.	mholfaimis	chuirfimis
2 pl.	mholfadh sibh	chuirfeadh sibh
3 pl.	mholfaidís	chuirfidís
Passive	mholfaí	chuirfí

FIRST CONJUGATION - CATEGORY 1 B

	Broad	Slender
1 sg.	reáchtálfainn	thiomáinfinn
2 sg.	reáchtálfá	thiomáinfeá
3 sg.	reáchtálfadh sé, sí	thiomáinfeadh sé, sí
1 pl.	reáchtálfaimis	thiomáinfimis
2 pl.	reáchtálfadh sibh	thiomáinfeadh sibh
3 pl.	reáchtálfaidís	thiomáinfidís
Passive	reáchtálfaí	thiomáinfí

To form the conditional mood, lenite the initial consonant of the verb and prefix d' if the initial letter is f or a vowel, e.g. d'fhágfadh, d'ólfadh.

The personal endings are - f(a)inn, - f(e)á, - f(e)adh sé / sí / sibh, - f(a)imis, - f(a)idís and - f(a)í for the passive forms.

There are four synthetic forms of the verb in the conditional mood, viz. 1 sg. - f(a)inn, 2 sg. - f(e)á, 1 pl. - f(a)imis, 3 pl. - f(a)idís.

The Conditional Mood

SECOND CONJUGATION - CATEGORY 2 A

	Broad	Slender
1 sg.	cheannóinn	chruinneoinn
2 sg.	cheannófá	chruinneofá
3 sg.	cheannódh sé, sí	chruinneodh sé, sí
1 pl.	cheannóimis	chruinneoimis
2 pl.	cheannódh sibh	chruinneodh sibh
3 pl.	cheannóidís	chruinneoidís
Passive	cheannófaí	chruinneofaí

SECOND CONJUGATION - CATEGORY 2 B

	Broad	Slender
1 sg.	labhróinn	d'imreoinn
2 sg.	labhrófá	d'imreofá
3 sg.	labhródh sé, sí	d'imreodh sé, sí
1 pl.	labhróimis	d'imreoimis
2 pl.	labhródh sibh	d'imreodh sibh
3 pl.	labhróidís	d'imreoidís
Passive	labhrófaí	d'imreofaí

To form the conditional mood, add - óinn, - ófá, - ódh sé / sí / sibh, - óimis, - óidís broad and - eoinn, - eofá, - eodh sé / sí / sibh, - eoimis, - eoidís slender to the root for personal forms and - ófaí or - eofaí for the passive forms.

There are four synthetic forms of the verb in the conditional mood, viz. 1 sg. - óinn / - eoinn, 2 sg. - ófá / - eofá, 1 pl. - óimis / - eoimis, 3 pl. - óidís / - eoidís.

The Past Habitual Tense

FIRST CONJUGATION - CATEGORY 1 A

	Broad	**Slender**
1 sg.	mholainn	chuirinn
2 sg.	mholtá	chuirteá
3 sg.	mholadh sé, sí	chuireadh sé, sí
1 pl.	mholaimis	chuirimis
2 pl.	mholadh sibh	chuireadh sibh
3 pl.	mholaidís	chuiridís
Passive	mholtaí	chuirtí

FIRST CONJUGATION - CATEGORY 1 B

	Broad	**Slender**
1 sg.	reáchtálainn	thiomáininn
2 sg.	reáchtáilteá	thiomáinteá
3 sg.	reáchtáladh sé, sí	thiomáineadh sé, sí
1 pl.	reáchtálaimis	thiomáinimis
2 pl.	reáchtáladh sibh	thiomáineadh sibh
3 pl.	reáchtálaidís	thiomáinidís
Passive	reáchtáiltí	thiomáintí

To form the past habitual tense, lenite the initial consonant of the verb and prefix d' if the initial letter is f or a vowel, e.g. d'fhágadh, d'óladh.

The personal endings are - (a)inn, - t(e)á, - (e)adh sé / sí / sibh, - (a)imis, - (a)idís and - t(a)í for the passive forms.

There are four synthetic forms of the verb in the past habitual tense, viz. 1 sg. - (a)inn, 2 sg. - t(e)á, 1 pl. - (a)imis, 3 pl. - (a)idís.

NOTE: the slender - t - in reáchtáiltí.

The Past Habitual Tense

SECOND CONJUGATION - CATEGORY 2 A

	Broad	Slender
1 sg.	cheannaínn	chruinnínn
2 sg.	cheannaíteá	chruinníteá
3 sg.	cheannaíodh sé, sí	chruinníodh sé, sí
1 pl.	cheannaímis	chruinnímis
2 pl.	cheannaíodh sibh	chruinníodh sibh
3 pl.	cheannaídís	chruinnídís
Passive	cheannaítí	chruinnítí

SECOND CONJUGATION - CATEGORY 2 B

	Broad	Slender
1 sg.	labhraínn	d'imrínn
2 sg.	labhraíteá	d'imríteá
3 sg.	labhraíodh sé, sí	d'imríodh sé, sí
1 pl.	labhraímis	d'imrímis
2 pl.	labhraíodh sibh	d'imríodh sibh
3 pl.	labhraídís	d'imrídís
Passive	labhraítí	d'imrítí

To form the past habitual tense, add - (a)ínn, - (a)íteá, - (a)íodh sé / sí / sibh, - (a)ímis, - (a)ídís to the root for personal forms and - (a)ítí for the passive forms.

There are four synthetic forms of the verb in the past habitual tense, viz. 1 sg. - (a)ínn, 2 sg. - (a)íteá, 1 pl. - (a)ímis, 3 pl. - (a)ídís.

The Imperative Mood

FIRST CONJUGATION - CATEGORY 1 A

	Broad	**Slender**
1 sg.	molaim	cuirim
2 sg.	mol	cuir
3 sg.	moladh sé, sí	cuireadh sé, sí
1 pl.	molaimis	cuirimis
2 pl.	molaigí	cuirigí
3 pl.	molaidís	cuiridís
Passive	moltar	cuirtear

FIRST CONJUGATION - CATEGORY 1 B

	Broad	**Slender**
1 sg.	reáchtálaim	tiomáinim
2 sg.	reáchtáil	tiomáin
3 sg.	reáchtáladh sé, sí	tiomáineadh sé, sí
1 pl.	reáchtálaimis	tiomáinimis
2 pl.	reáchtálaigí	tiomáinigí
3 pl.	reáchtálaidís	tiomáinidís
Passive	reáchtáiltear	tiomáintear

To form the imperative mood, add - (a)im, - (e)adh sé / sí, - (a)imis, - (a)igí, - (a)idís to the root for personal forms and - t(e)ar for the passive forms.

There are four synthetic forms of the verb in the imperative mood, viz. 1 sg. - (a)im, 1 pl. - (a)imis, 2 pl. - (a)igí, 3 pl. - (a)idís.

NOTE: the - t - in reáchtáiltear is slender.

The Imperative Mood

SECOND CONJUGATION - CATEGORY 2 A

	Broad	Slender
1 sg.	ceannaím	cruinním
2 sg.	ceannaigh	cruinnigh
3 sg.	ceannaíodh sé, sí	cruinníodh sé, sí
1 pl.	ceannaímis	cruinnímis
2 pl.	ceannaígí	cruinnígí
3 pl.	ceannaídís	cruinnídís
Passive	ceannaítear	cruinnítear

SECOND CONJUGATION - CATEGORY 2 B

	Broad	Slender
1 sg.	labhraím	imrím
2 sg.	labhair	imir
3 sg.	labhraíodh sé, sí	imríodh sé, sí
1 pl.	labhraímis	imrímis
2 pl.	labhraígí	imrígí
3 pl.	labhraídís	imrídís
Passive	labhraítear	imrítear

To form the imperative mood, add - (a)ím, - (a)íodh sé / sí, - (a)ímis, - (a)ígí, - (a)ídís to the root for personal forms and - (a)ítear for the passive forms.

There are four synthetic forms of the verb in the imperative mood, viz. 1 sg. - (a)ím, 1 pl. - (a)ímis, 2 pl. - (a)ígí, 3 pl. - (a)ídís.

The Present Subjunctive Mood

FIRST CONJUGATION - CATEGORY 1 A

	Broad	**Slender**
1 sg.	- mola mé	- cuire mé
2 sg.	- mola tú	- cuire tú
3 sg.	- mola sé, sí	- cuire sé, sí
1 pl.	- molaimid	- cuirimid
2 pl.	- mola sibh	- cuire sibh
3 pl.	- mola siad	- cuire siad
Passive	- moltar	- cuirtear

FIRST CONJUGATION - CATEGORY 1 B

	Broad	**Slender**
1 sg.	- reáchtála mé	- tiomáine mé
2 sg.	- reáchtála tú	- tiomáine tú
3 sg.	- reáchtála sé, sí	- tiomáine sé, sí
1 pl.	- reáchtálaimid	- tiomáinimid
2 pl.	- reáchtála sibh	- tiomáine sibh
3 pl.	- reáchtála siad	- tiomáine siad
Passive	- reáchtáiltear	- tiomáintear

To form the present subjunctive mood, add - a broad or - e slender   mé / tú / sé / sí / sibh / siad, - (a)imid to the root for personal forms and - t(e)ar for the passive forms.

There is only one synthetic form of the verb in the present subjunctive mood, viz. 1 pl. - (a)imid.

NOTE: the - t - in reáchtáiltear is slender.

132

The Present Subjunctive Mood

Second Conjugation - Category 2 A

	Broad	Slender
1 sg.	- ceannaí mé	- cruinní mé
2 sg.	- ceannaí tú	- cruinní tú
3 sg.	- ceannaí sé, sí	- cruinní sé, sí
1 pl.	- ceannaímid	- cruinnímid
2 pl.	- ceannaí sibh	- cruinní sibh
3 pl.	- ceannaí siad	- cruinní siad
Passive	- ceannaítear	- cruinnítear

Second Conjugation - Category 2 B

	Broad	Slender
1 sg.	- labhraí mé	- imrí mé
2 sg.	- labhraí tú	- imrí tú
3 sg.	- labhraí sé, sí	- imrí sé, sí
1 pl.	- labhraímid	- imrímid
2 pl.	- labhraí sibh	- imrí sibh
3 pl.	- labhraí siad	- imrí siad
Passive	- labhraítear	- imrítear

To form the present subjunctive mood, add - (a)í mé / tú / sé / sí / sibh / siad, - (a)ímid to the root for personal forms and - (a)ítear for the passive forms.

There is only one synthetic form of the verb in the present subjunctive mood, viz. 1 pl. - (a)ímid.

Verbal Adjective / Past Participle

FIRST CONJUGATION - CATEGORY 1 A

Add - ta / - te to verbs ending in - l, - n, - s, - ch, - d:

	Broad			Slender	
ól	→	ólta	buail	→	buailte
dún	→	dúnta	sín	→	sínte
las	→	lasta	bris	→	briste
croch	→	crochta	goid	→	goidte
stad	→	stadta			

With verbs ending in - t / - th, remove the - t / - th and add - te / - ta:

rith → rite	caith → caite	loit → loite	at → ata

Add - tha / - the to verbs ending in - b, - c, - g, - m, - p, - r:

	Broad			Slender	
cum	→	cumtha	loisc	→	loiscthe
ceap	→	ceaptha	lig	→	ligthe
fág	→	fágtha	léim	→	léimthe
glac	→	glactha	scaip	→	scaipthe
lúb	→	lúbtha			

NOTE: the final consonant is made broad in some cases:

cuir	→	curtha	siúil	→	siúlta

With verbs ending in - bh / - mh, remove the - bh / - mh and add - fa:

scríobh → scríofa	gabh → gafa	lobh → lofa

There are some irregular formations: inis → inste

SECOND CONJUGATION - CATEGORY 2 A

Remove the final - gh and add - the:

	Broad			Slender	
ceannaigh	→	ceannaithe	cruinnigh	→	cruinnithe
athraigh	→	athraithe	imigh	→	imithe

The Verbal Noun

The verbal noun in Irish is most frequently used preceded by ag to denote progressive/continuous action (i.e. to translate the - *ing* suffixed to the verb in English):

ag caint	*talking*	ag éisteacht	*listening*
ag ól	*drinking*	ag ceannach	*buying*
ag díol	*selling*	ag siúl	*walking*

It is used to translate the English infinitive *to*. When there is no direct object, the construction is as follows:

caithfidh mé **imeacht** anois	*I have to go now*
tá orm **fanacht**	*I have to wait*
ní mór dó **dul** amach	*he has to go out*
b'éigean dóibh **snámh**	*they had to swim*
an bhfuil tú ag iarraidh **fanacht**?	*do you wish to stay?*
ba bhreá liom **bualadh** leis	*I'd love to meet him*

When there is a direct object, whether a noun or pronoun, the construction is as follows:

other + object + a leniting + verbal noun

tá sé ar tí an obair **a dhéanamh**	*he is about to do the work*
ba mhaith liom an fear **a fheiceáil**	*I would like to see the man*
is breá liom é **a fheiceáil** gach lá	*I love to see him every day*
caithfidh sí an carr **a thiomáint**	*she has to drive the car*
tá ort an chistin **a ghlanadh**	*you have to clean the kitchen*
ní mór dúinn an siopa **a dhúnadh**	*we have to close the shop*
b'éigean di an cat **a bhualadh**	*she had to beat the cat*
dúirt sé liom an t-airgead **a chaitheamh**	*he told me to spend the money*

When a noun is the direct object of a verbal noun, that noun is ***usually*** in the genitive case:

ag déanamh **na hoibre**	*doing the work*
ag ithe **an dinnéir**	*eating the dinner*
ag scríobh **na litreach**	*writing the letter*

When the direct object of a verbal noun is a pronoun, a construction involving the possessive adjective is used:

do / ag mo mholadh	*praising me*
do / ag do mholadh	*praising you*

The Verbal Noun

FIRST CONJUGATION - CATEGORY 1 A

The most common way to form the verbal noun is simply to add - (e)adh to
the root of the verb:

	Broad			**Slender**	
mol	→	moladh	bris	→	briseadh
dún	→	dúnadh	cáin	→	cáineadh
pós	→	pósadh	doirt	→	doirteadh

Sometimes broadening of the final consonant takes place.

buail	→	bualadh	loisc	→	loscadh

Other common ways of forming the verbal noun:

The same as the root:

díol	→	díol	troid	→	troid
ól	→	ól	rith	→	rith

Broadening the final consonant of the root:

cuir	→	cur	siúil	→	siúl

Adding - t to the root:

bain	→	baint	roinn	→	roinnt

Adding - (e)amh:

caith	→	caitheamh	léigh	→	léamh
seas	→	seasamh			

Adding - (e)an:

lig	→	ligean	leag	→	leagan

Adding - (i)úint:

creid	→	creidiúint	lean	→	leanúint

Adding various other endings:

fág	→	fágáil	féach	→	féachaint
fan	→	fanacht			

SECOND CONJUGATION - CATEGORY 2 A

Remove the final - (a)igh and add - (i)ú:

Broad			**Slender**		
maraigh	→	marú	cruinnigh	→	cruinniú
athraigh	→	athrú	bailigh	→	bailiú
tosaigh	→	tosú	suimigh	→	suimiú

Remove the final - (a)igh and add - (e)ach(t):

ceannaigh	→	ceannach
imigh	→	imeacht

A List of Verbs

First Conjugation - Category 1 (a)

adhlaic, adhain, aiseag, aisíoc, alp

bac, bácáil, báigh, bain, baist, basc, bearr, béic, bíog, blais, bligh, bog, borr, braith, breac, bréag, bris, bronn, brúigh, bruith, buail, buaigh

caill, cáin, caith, cam, can, caoin, cardáil, carn, cas, cealg, ceap, céas, ceil, cinn, ciondáil, cíor, cleacht, clis, clóbhuail, cloígh, clóscríobh, cniotáil, coimeád, coisric, comhair, comhlíon, cónasc, cráigh, craobhscaoil, craol, creach, creid, crith, croch, croith, crom, cros, cruaigh, crúigh, cuir, cum

dall, daor, dearc, dearg, dearmad, déileáil, díol, díon, doirt, dréacht, dún

éag, éist

fág, fáisc, fan, fás, féach, féad, feall, feil, feoigh, fill, figh, fiuch, fliuch, fóir, foráil, friotháil, fuaigh

gabh, gair, geal, geall, gearr, géill, geit, gin, glac, glan, glaoigh, gléas, gluais, goid, goil, goill, goin, gráigh, gread, gróig, guigh

iarr, iniúch, insteall, íoc

las, lasc, leag, leáigh, lean, leath, leigheas, léigh, léim, leon, lig, ligh, líon, liostáil, loic, loisc, loit, lom, luaigh, luasc, luigh

maígh, mair, máirseáil, maith, marcáil, meall, meas, measc, meath, meil, mill, mór, múch, múin

nasc, nigh, nocht

ofráil, oil, oir, ól

pacáil, pioc, plab, planc, pléigh, plúch, póg, poll, pós, preab, priontáil, promh

rácáil, réab, reic, reoigh, riar, righ, ríomh, robáil, roll, rop, ruaig, rúisc

sábháil, saill, saor, scag, scaip, scaird, scairt, scall, scaoil, scar, scealp, sceith, scinn, sciorr, sciúr, scoilt, scoir, scoith, scréach, scread, scríob, scríobh, scuab, seachaid, séan, searg, searr, seas, séid, seinn, sín, síob, sioc, siúil, sléacht, slíoc, slog, sméid, smol, snigh, sníomh, sóinseáil, spáráil, speach, spíon, spreag, spréigh, srac, srann, sroich, stad, stán, staon, steall, stiall, stiúir, stoll, stríoc, stróic, suaith, suigh, súigh, suncáil

tacht, tairg, táirg, taisc, taispeáin, taom, taosc, tástáil, téacht, teagasc, teann, teilg, téigh, teip, teith, tiomáin, tionlaic, tionóil, tit, tochais, tochrais, tóg, togh, tolg, tomhais, tost, trácht, tráigh, traoith, tréig, triail, triall, troid, troisc, tuig, tuill, tum

uaim, urlaic, úsáid

Second Conjugation - Category 2 (a)

achtaigh, adhraigh, admhaigh, agair, aifrigh, aimsigh, ainmnigh, airigh, áirigh, aiséirigh, aistrigh, aithin, aithris, áitigh, altaigh, aontaigh, athraigh

bagair, bailigh, bánaigh, básaigh, beachtaigh, beannaigh, beartaigh, beathaigh, beirigh, bioraigh, bisigh, bláthaigh, bodhraigh, bolaigh, bréagnaigh, breathnaigh, breithnigh, brostaigh, buanaigh, bunaigh

cabhraigh, cáiligh, caomhnaigh, ceadaigh, cealaigh, ceangail, ceannaigh, ceansaigh, ceartaigh, ceisnigh, ceistigh, ciallaigh, cigil, ciontaigh, ciúnaigh, claochlaigh, cláraigh, clúdaigh, codail, cogain, coigil, coinnigh, cóirigh, comhairligh, comhlánaigh, comhordaigh, comhréitigh, cónaigh, corraigh, coscair, cosain, cothaigh, cothromaigh, creathnaigh, críochnaigh, cruinnigh, cruthaigh, cuardaigh, cuidigh, cuimhnigh, cúisigh, cúitigh, cúlaigh, cumhdaigh

damhsaigh, damnaigh, dathaigh, dealaigh, dealraigh, dearbhaigh, deifrigh, deimhnigh, deonaigh, díbir, dícháiligh, dírigh, diúltaigh, dreasaigh, dúisigh, dúnmharaigh

eachtraigh, eagraigh, éalaigh, eascair, éiligh, éirigh, eisigh, eitigh, eitil

fadaigh, fáiltigh, feistigh, fiafraigh, fiosraigh, foghlaim, fógair, foilsigh, folaigh, freastail, fulaing

giorraigh, gnáthaigh, gníomhaigh, gnóthaigh, gortaigh, greamaigh, gríosaigh

ídigh, imigh, impigh, imir, infheistigh, inis, íobair, iompaigh, iompair, iomair, ionsaigh, ísligh

labhair, laghdaigh, leasaigh, leathnaigh, léirigh, línigh, liostaigh, litrigh, lochtaigh

machnaigh, maisigh, maistrigh, malartaigh, mallachtaigh, maolaigh, maothaigh, maraigh, marcaigh, maslaigh, meabhraigh, mínigh, mionnaigh, móidigh, moilligh, mothaigh, muirnigh, múnlaigh, múscail

náirigh, naomhaigh, neadaigh, neartaigh, neodraigh, oibrigh, oiriúnaigh, oirnigh, ordaigh, oscail

peacaigh, plandaigh, plódaigh,

rámhaigh, ramhraigh, reachtaigh, réimnigh, réitigh, rianaigh, righnigh, roghnaigh

sáinnigh, salaigh, samhlaigh, saoirsigh, saolaigh, saothraigh, sáraigh, sásaigh, satail, scanraigh, scrúdaigh, seachnaigh, séalaigh, sealbhaigh, sínigh, síolraigh, síothlaigh, slánaigh, sleamhnaigh, smachtaigh, smaoinigh, snasaigh, socraigh, soilsigh, soiprigh, soirbhigh, soláthraigh, sonraigh, sruthlaigh

tabhaigh, tagair, taithigh, taobhaigh, tapaigh, tarraing, táthaigh, teagmhaigh, teastaigh, timpeallaigh, tiomnaigh, tiomsaigh, tiontaigh, tochail, toiligh, tóraigh, tosaigh, trasnaigh, tréaslaigh, treoraigh, triomaigh, truailligh, tuirsigh

uachtaigh, uaisligh, ualaigh, údaraigh, uimhrigh, umhlaigh

THE IRREGULAR VERB

There are **twelve** irregular verbs in Irish if we include the two verbs *to be*, viz. the copula is and the substantive bí. A verb is termed irregular if it does not retain the same root in all tenses. In addition, some irregular verbs have different dependent forms when preceded by certain preverbal particles. Some of the irregular verbs are only marginally irregular.

The following is a list of the irregular verbs excluding the two verbs *to be* (the 2 sg. imperative form of the verb is the one given here):

beir	*carry* / *catch* / *be born*
clois / cluin	*hear*
déan	*do* / *make*
abair	*say*
faigh	*get*
feic	*see*
ith	*eat*
tabhair	*give*
tar	*come*
téigh	*go*

The Present Tense

With *eight* of these verbs (all except abair and, to a lesser extent, téigh), simply take the present root and add the normal endings for regular verbs Category 1 a.

	Beir	Déan	Feic
1 sg.	beirim	déanaim	feicim
2 sg.	beireann tú	déanann tú	feiceann tú
3 sg.	beireann sé, sí	déanann sé, sí	feiceann sé, sí
1 pl.	beirimid	déanaimid	feicimid
2 pl.	beireann sibh	déanann sibh	feiceann sibh
3 pl.	beireann siad	déanann siad	feiceann siad
Passive	beirtear	déantar	feictear

	Ith	Tabhair	Tar
1 sg.	ithim	tugaim	tagaim
2 sg.	itheann tú	tugann tú	tagann tú
3 sg.	itheann sé, sí	tugann sé, sí	tagann sé, sí
1 pl.	ithimid	tugaimid	tagaimid
2 pl.	itheann sibh	tugann sibh	tagann sibh
3 pl.	itheann siad	tugann siad	tagann siad
Passive	itear	tugtar	tagtar

NOTE: in case of tar and tabhair, the present roots are tag- and tug-.

	Faigh	Clois / Cluin
1 sg.	faighim	cloisim / cluinim
2 sg.	faigheann tú	cloiseann / cluineann tú
3 sg.	faigheann sé, sí	cloiseann / cluineann sé, sí
1 pl.	faighimid	cloisimid / cluinimid
2 pl.	faigheann sibh	cloiseann / cluineann sibh
3 pl.	faigheann siad	cloiseann / cluineann siad
Passive	faightear	cloistear / cluintear

	Téigh	Abair
1 sg.	téim	deirim
2 sg.	téann tú	deir tú
3 sg.	téann sé, sí	deir sé, sí
1 pl.	téimid	deirimid
2 pl.	téann sibh	deir sibh
3 pl.	téann siad	deir siad
Passive	téitear	deirtear

NOTE: the formation of téigh is *slightly* different from the previous eight while the formation of abair is *completely* different from the previous nine.
NOTE: when preceded by the negative particle ní or any other leniting verbal particle, the initial letter of this verb abair is not lenited in any tense.

The Past Tense

	Tabhair	Ith
1 sg.	thug mé	d'ith mé
2 sg.	thug tú	d'ith tú
3 sg.	thug sé, sí	d'ith sé, sí
1 pl.	thugamar	d'itheamar
2 pl.	thug sibh	d'ith sibh
3 pl.	thug siad	d'ith siad
Passive	tugadh	itheadh

These two verbs have the same root as in the present tense and their endings and preverbal particles in the past tense are the same as those of the regular verb, Category 1 a.

	Beir	Clois / Cluin	Tar
1 sg.	rug mé	chuala mé	tháinig mé
2 sg.	rug tú	chuala tú	tháinig tú
3 sg.	rug sé, sí	chuala sé, sí	tháinig sé, sí
1 pl.	rugamar	chualamar	thángamar
2 pl.	rug sibh	chuala sibh	tháinig sibh
3 pl.	rug siad	chuala siad	tháinig siad
Passive	rugadh	chualathas	thángthas

These three verbs do not have the same root as in the present tense and their preverbal particles in the past tense are the same as those of the regular verb.

	Abair	Faigh
1 sg.	dúirt mé	fuair mé
2 sg.	dúirt tú	fuair tú
3 sg.	dúirt sé, sí	fuair sé, sí
1 pl.	dúramar	fuaireamar
2 pl.	dúirt sibh	fuair sibh
3 pl.	dúirt siad	fuair siad
Passive	dúradh	fuarthas

These two verbs do not have the same root as in the present tense and their preverbal particles in the past tense are ní, an, go, nach etc. The negative particle ní or any other leniting particle do not lenite any of the dúirt forms. The negative particle ní eclipses the fuair forms.

	Independent Form	Dependent Form
	Téigh	**Téigh**
1 sg.	chuaigh mé	- deachaigh mé
2 sg.	chuaigh tú	- deachaigh tú
3 sg.	chuaigh sé, sí	- deachaigh sé, sí
1 pl.	chua**mar**	- deacha**mar**
2 pl.	chuaigh sibh	- deachaigh sibh
3 pl.	chuaigh siad	- deachaigh siad
Passive	chua**thas**	- deach**thas**
	Déan	**Déan**
1 sg.	rinne mé	- dearna mé
2 sg.	rinne tú	- dearna tú
3 sg.	rinne sé, sí	- dearna sé, sí
1 pl.	rinne**amar**	- dearna**mar**
2 pl.	rinne sibh	- dearna sibh
3 pl.	rinne siad	- dearna siad
Passive	rinne**adh**	- dearna**dh**
	Feic	**Feic**
1 sg.	chonaic mé	- faca mé
2 sg.	chonaic tú	- faca tú
3 sg.	chonaic sé, sí	- faca sé, sí
1 pl.	chonaic**eamar**	- faca**mar**
2 pl.	chonaic sibh	- faca sibh
3 pl.	chonaic siad	- faca siad
Passive	chona**cthas**	- fac**thas**

The three verbs above do not have the same root as in the present tense and their preverbal particles in the past tense are ní, an, go, nach etc.

The Future Tense

	Beir	Déan	Feic
1 sg.	béarfaidh mé	déanfaidh mé	feicfidh mé
2 sg.	béarfaidh tú	déanfaidh tú	feicfidh tú
3 sg.	béarfaidh sé, sí	déanfaidh sé, sí	feicfidh sé, sí
1 pl.	béarfaimid	déanfaimid	feicfimid
2 pl.	béarfaidh sibh	déanfaidh sibh	feicfidh sibh
3 pl.	béarfaidh siad	déanfaidh siad	feicfidh siad
Passive	béarfar	déanfar	feicfear

	Ith	Tabhair	Tar
1 sg.	íosfaidh mé	tabharfaidh mé	tiocfaidh mé
2 sg.	íosfaidh tú	tabharfaidh tú	tiocfaidh tú
3 sg.	íosfaidh sé, sí	tabharfaidh sé, sí	tiocfaidh sé, sí
1 pl.	íosfaimid	tabharfaimid	tiocfaimid
2 pl.	íosfaidh sibh	tabharfaidh sibh	tiocfaidh sibh
3 pl.	íosfaidh siad	tabharfaidh siad	tiocfaidh siad
Passive	íosfar	tabharfar	tiocfar

NOTE: when preceded by the negative particle ní or any other leniting verbal particle, the initial letter of abair is not lenited.

	Téigh	Clois / Cluin	Abair
1 sg.	rachaidh mé	cloisfidh / cluinfidh mé	déarfaidh mé
2 sg.	rachaidh tú	cloisfidh / cluinfidh tú	déarfaidh tú
3 sg.	rachaidh sé, sí	cloisfidh / cluinfidh sé, sí	déarfaidh sé, sí
1 pl.	rachaimid	cloisfimid / cluinfimid	déarfaimid
2 pl.	rachaidh sibh	cloisfidh / cluinfidh sibh	déarfaidh sibh
3 pl.	rachaidh siad	cloisfidh / cluinfidh siad	déarfaidh siad
Passive	rachfar	cloisfear / cluinfear	déarfar

NOTE: only the following verb has separate independent and dependent forms in the future and only the following verb is eclipsed when preceded by ní.

	Independent Form	Dependent Form
	Faigh	**Faigh**
1 sg.	gheobhaidh mé	- bhfaighidh mé
2 sg.	gheobhaidh tú	- bhfaighidh tú
3 sg.	gheobhaidh sé, sí	- bhfaighidh sé, sí
1 pl.	gheobhaimid	- bhfaighimid
2 pl.	gheobhaidh sibh	- bhfaighidh sibh
3 pl.	gheobhaidh siad	- bhfaighidh siad
Passive	gheofar	- bhfaighfear

NOTE: all the above irregular verbs have the same future endings (except in case of rach-, gheobh- and -faigh- which have no - f - except in the passive) as the regular verb, Category 1 a.

NOTE: the verbs clois / cluin, feic, déan have the same root in the future as in the present tense whereas all the other irregular verbs have a different root.

The Conditional Mood

	Beir	Déan	Feic
1 sg.	bhéarfainn	dhéanfainn	d'fheicfinn
2 sg.	bhéarfá	dhéanfá	d'fheicfeá
3 sg.	bhéarfadh sé, sí	dhéanfadh sé, sí	d'fheicfeadh sé, sí
1 pl.	bhéarfaimis	dhéanfaimis	d'fheicfimis
2 pl.	bhéarfadh sibh	dhéanfadh sibh	d'fheicfeadh sibh
3 pl.	bhéarfaidís	dhéanfaidís	d'fheicfidís
Passive	bhéarfaí	dhéanfaí	d'fheicfí

	Ith	Tabhair	Tar
1 sg.	d'íosfainn	thabharfainn	thiocfainn
2 sg.	d'íosfá	thabharfá	thiocfá
3 sg.	d'íosfadh sé, sí	thabharfadh sé, sí	thiocfadh sé, sí
1 pl.	d'íosfaimis	thabharfaimis	thiocfaimis
2 pl.	d'íosfadh sibh	thabharfadh sibh	thiocfadh sibh
3 pl.	d'íosfaidís	thabharfaidís	thiocfaidís
Passive	d'íosfaí	thabharfaí	thiocfaí

NOTE: when preceded by the negative particle ní or any other leniting verbal particle, the initial letter of the verb abair is not lenited in any tense.

	Téigh	Clois / Cluin	Abair
1 sg.	rachainn	chloisfinn/chluinfinn	déarfainn
2 sg.	rachfá	chloisfeá/chluinfeá	déarfá
3 sg.	rachadh sé, sí	chloisfeadh/chluinfeadh sé, sí	déarfadh sé, sí
1 pl.	rachaimis	chloisfimis/chluinfimis	déarfaimis
2 pl.	rachadh sibh	chloisfeadh/chluinfeadh sibh	déarfadh sibh
3 pl.	rachaidís	chloisfidís/chluinfidís	déarfaidís
Passive	rachfaí	chloisfí/chluinfí	déarfaí

NOTE: only the following verb has separate independent and dependent forms in the conditional mood and only the following verb is eclipsed when preceded by ní.

	Independent Form	Dependent Form
	Faigh	**Faigh**
1 sg.	gheobhainn	- bhfaighinn
2 sg.	gheofá	- bhfaighfeá
3 sg.	gheobhadh sé, sí	- bhfaigheadh sé, sí
1 pl.	gheobhaimis	- bhfaighimis
2 pl.	gheobhadh sibh	- bhfaigheadh sibh
3 pl.	gheobhaidís	- bhfaighidís
Passive	gheofaí	- bhfaighfí

NOTE: all the above irregular verbs have the same conditional endings (except in case of rach -, gheobh - and - faigh - which have no - f - except in the 2 sg. and passive) as the regular verb, Category 1 a.

NOTE: the verbs clois / cluin, feic, déan have the same root in the conditional as in the present tense whereas all the other irregular verbs have a different root.

The Past Habitual Tense

	Beir	**Déan**	**Feic**
1 sg.	bheirinn	dhéanainn	d'fheicinn
2 sg.	bheirteá	dhéantá	d'fheicteá
3 sg.	bheireadh sé, sí	dhéanadh sé, sí	d'fheiceadh sé, sí
1 pl.	bheirimis	dhéanaimis	d'fheicimis
2 pl.	bheireadh sibh	dhéanadh sibh	d'fheiceadh sibh
3 pl.	bheiridís	dhéanaidís	d'fheicidís
Passive	bheirtí	dhéantaí	d'fheictí

	Ith	**Tabhair**	**Tar**
1 sg.	d'ithinn	thugainn	thagainn
2 sg.	d'iteá	thugtá	thagtá
3 sg.	d'itheadh sé, sí	thugadh sé, sí	thagadh sé, sí
1 pl.	d'ithimis	thugaimis	thagaimis
2 pl.	d'itheadh sibh	thugadh sibh	thagadh sibh
3 pl.	d'ithidís	thugaidís	thagaidís
Passive	d'ití	thugtaí	thagtaí

	Téigh	**Clois / Cluin**
1 sg.	théinn	chloisinn / chluininn
2 sg.	théiteá	chloisteá / chluinteá
3 sg.	théadh sé, sí	chloiseadh / chluineadh sé, sí
1 pl.	théimis	chloisimis / chluinimis
2 pl.	théadh sibh	chloiseadh / chluineadh sibh
3 pl.	théidís	chloisidís / chluinidís
Passive	théití	chloistí / chluintí

	Abair	**Faigh**
1 sg.	deirinn	d'fhaighinn
2 sg.	deirteá	d'fhaighteá
3 sg.	deireadh sé, sí	d'fhaigheadh sé, sí
1 pl.	deirimis	d'fhaighimis
2 pl.	deireadh sibh	d'fhaigheadh sibh
3 pl.	deiridís	d'fhaighidís
Passive	deirtí	d'fhaightí

The past habitual tense is based on the present root. All of these irregular verbs, with the possible exception of téigh, have the same endings as the regular verb, Category 1 a.

NOTE: when preceded by the negative particle ní or any other leniting verbal particle, the initial letter of the verb abair is not lenited in any tense.

The Imperative Mood

	Beir	Déan	Feic
1 sg.	beirim	déanaim	feicim
2 sg.	beir	déan	feic
3 sg.	beireadh sé, sí	déanadh sé, sí	feiceadh sé, sí
1 pl.	beirimis	déanaimis	feicimis
2 pl.	beirigí	déanaigí	feicigí
3 pl.	beiridís	déanaidís	feicidís
Passive	beirtear	déantar	feictear

	Ith	Tabhair	Tar
1 sg.	ithim	tugaim	tagaim
2 sg.	ith	tabhair	tar
3 sg.	itheadh sé, sí	tugadh sé, sí	tagadh sé, sí
1 pl.	ithimis	tugaimis	tagaimis
2 pl.	ithigí	tugaigí	tagaigí
3 pl.	ithidís	tugaidís	tagaidís
Passive	itear	tugtar	tagtar

NOTE: the 2 sg. forms of tar and tabhair.

	Téigh	Clois / Cluin
1 sg.	téim	cloisim / cluinim
2 sg.	téigh	clois / cluin
3 sg.	téadh sé, sí	cloiseadh / cluineadh sé, sí
1 pl.	téimis	cloisimis / cluinimis
2 pl.	téigí	cloisigí / cluinigí
3 pl.	téidís	cloisidís / cluinidís
Passive	téitear	cloistear / cluintear

	Abair	Faigh
1 sg.	abraim	faighim
2 sg.	abair	faigh
3 sg.	abradh sé, sí	faigheadh sé, sí
1 pl.	abraimis	faighimis
2 pl.	abraigí	faighigí
3 pl.	abraidís	faighidís
Passive	abairtear	faightear

The Present Subjunctive Mood

	Beir	**Déan**	**Feic**
1 sg.	- beire mé	- déana mé	- feice mé
2 sg.	- beire tú	- déana tú	- feice tú
3 sg.	- beire sé, sí	- déana sé, sí	- feice sé, sí
1 pl.	- beirimid	- déanaimid	- feicimid
2 pl.	- beire sibh	- déana sibh	- feice sibh
3 pl.	- beire siad	- déana siad	- feice siad
Passive	- beirtear	- déantar	- feictear

	Ith	**Tabhair**	**Tar**
1 sg.	- ithe mé	- tuga mé	- taga mé
2 sg.	- ithe tú	- tuga tú	- taga tú
3 sg.	- ithe sé, sí	- tuga sé, sí	- taga sé, sí
1 pl.	- ithimid	- tugaimid	- tagaimid
2 pl.	- ithe sibh	- tuga sibh	- taga sibh
3 pl.	- ithe siad	- tuga siad	- taga siad
Passive	- itear	- tugtar	- tagtar

	Téigh	**Clois / Cluin**
1 sg.	- té mé	- cloise / cluine mé
2 sg.	- té tú	- cloise / cluine tú
3 sg.	- té sé, sí	- cloise / cluine sé, sí
1 pl.	- téimid	- cloisimid / cluinimid
2 pl.	- té sibh	- cloise / cluine sibh
3 pl.	- té siad	- cloise / cluine siad
Passive	- téitear	- cloistear / cluintear

	Abair	**Faigh**
1 sg.	- deire mé	- faighe mé
2 sg.	- deire tú	- faighe tú
3 sg.	- deire sé, sí	- faighe sé, sí
1 pl.	- deirimid	- faighimid
2 pl.	- deire sibh	- faighe sibh
3 pl.	- deire siad	- faighe siad
Passive	- deirtear	- faightear

NOTE: all these irregular verbs, with the exception of téigh, have the same endings as the regular verb, Category 1 a.

The Irregular Verb

Verbal Adjective / Past Participle			Verbal Noun		
abair	→	ráite	abair	→	rá
beir	→	beirthe	beir	→	breith
clois	→	cloiste	clois	→	cloisteáil
cluin	→	cluinte	cluin	→	cluinstin
déan	→	déanta	déan	→	déanamh
faigh	→	faighte	faigh	→	fáil
feic	→	feicthe	feic	→	feiceáil
ith	→	ite	ith	→	ithe
tabhair	→	tugtha	tabhair	→	tabhairt
tar	→	tagtha	tar	→	teacht
téigh	→	dulta	téigh	→	dul

THE SUBSTANTIVE VERB BÍ (TO BE)

The Present Tense

	Positive	Negative	After particles an / go / nach etc.
1 sg.	táim / tá mé	nílim / níl mé	- bhfuilim / - bhfuil mé
2 sg.	tá tú	níl tú	- bhfuil tú
3 sg.	tá sé, sí	níl sé, sí	- bhfuil sé, sí
1 pl.	táimid	nílimid	- bhfuilimid
2 pl.	tá sibh	níl sibh	- bhfuil sibh
3 pl.	tá siad	níl siad	- bhfuil siad
Passive	táthar	níltear	- bhfuiltear

NOTE: the negative particle ní is incorporated into the negative forms.

The Habitual Present Tense

The substantive verb, unique among Irish verbs, has a special habitual present tense present continuous tense which serves to indicate (repeated) continuous action in the present tense:

	Positive	Negative	After particles an / go / nach etc.
1 sg.	bím	- bhím	- mbím
2 sg.	bíonn tú	- bhíonn tú	- mbíonn tú
3 sg.	bíonn sé, sí	- bhíonn sé, sí	- mbíonn sé, sí
1 pl.	bímid	- bhímid	- mbímid
2 pl.	bíonn sibh	- bhíonn sibh	- mbíonn sibh
3 pl.	bíonn siad	- bhíonn siad	- mbíonn siad
Passive	bítear	- bhítear	- mbítear

NOTE: a relative, independent ending - ío(nn)s is widely used in Ulster and Connaught.

The Past Tense

	Positive	After particles ní / an / go / nach etc.
1 sg.	bhí mé	- raibh mé
2 sg.	bhí tú	- raibh tú
3 sg.	bhí sé, sí	- raibh sé, sí
1 pl.	bhíomar	- rabhamar
2 pl.	bhí sibh	- raibh sibh
3 pl.	bhí siad	- raibh siad
Passive	bhíothas	- rabhthas

The Future Tense

	Positive	After negative particle ní	After particles an / go / nach etc.
1 sg.	beidh mé	- bheidh mé	- mbeidh mé
2 sg.	beidh tú	- bheidh tú	- mbeidh tú
3 sg.	beidh sé, sí	- bheidh sé, sí	- mbeidh sé, sí
1 pl.	beimid	- bheimid	- mbeimid
2 pl.	beidh sibh	- bheidh sibh	- mbeidh sibh
3 pl.	beidh siad	- bheidh siad	- mbeidh siad
Passive	beifear	- bheifear	- mbeifear

NOTE: a relative, independent ending - eas is widely used in Ulster and Connaught.

The Conditional Mood

	Positive	After negative particle ní	After particles an / go / nach etc.
1 sg.	bheinn	- bheinn	- mbeinn
2 sg.	bheifeá	- bheifeá	- mbeifeá
3 sg.	bheadh sé, sí	- bheadh sé, sí	- mbeadh sé, sí
1 pl.	bheimis	- bheimis	- mbeimis
2 pl.	bheadh sibh	- bheadh sibh	- mbeadh sibh
3 pl.	bheidís	- bheidís	- mbeidís
Passive	bheifí	- bheifí	- mbeifí

The Past Habitual Tense

	Positive	After negative particle ní	After particles an / go / nach etc.
1 sg.	bhínn	- bhínn	- mbínn
2 sg.	bhíteá	- bhíteá	- mbíteá
3 sg.	bhíodh sé, sí	- bhíodh sé, sí	- mbíodh sé, sí
1 pl.	bhímis	- bhímis	- mbímis
2 pl.	bhíodh sibh	- bhíodh sibh	- mbíodh sibh
3 pl.	bhídís	- bhídís	- mbídís
Passive	bhítí	- bhítí	- mbítí

	The Imperative Mood	The Present Subjunctive Mood
1 sg.	bím	- raibh mé
2 sg.	bí	- raibh tú
3 sg.	bíodh sé, sí	- raibh sé, sí
1 pl.	bímis	- rabhaimid
2 pl.	bígí	- raibh sibh
3 pl.	bídís	- raibh siad
Passive	bítear	- rabhthar

The Verbal Noun is bheith

The Substantive Verb Bí - Uses

It is used along with the preposition ag to translate the English verb *to have*:

tá carr agam	*I have a car*
níl cat agat	*you don't have a cat*
an bhfuil pingin aige?	*has he got a penny?*
an raibh peann aici?	*did she have a pen?*
bhí sos fada againn	*we had a long break*
ní raibh saoire agaibh	*you had no holiday*
beidh beagán airgid acu	*they will have a little money*
beidh an leabhar ag Seán	*John will have the book*

It is used idiomatically with the phrase a fhios (lit. *its knowledge*) + ag to translate the English verb *to know*:

tá a fhios agat sin	*you know that*
ní raibh a fhios agam faoi	*I didn't know about it*

It is used with the preposition i followed by the appropriate possessive adjective to indicate that a noun or pronoun is another noun. Such a use is sometimes referred to as classificatory:

tá mé i mo mhúinteoir	*I am a teacher*
níl tú i do gharda	*you are not a guard*
bhí Seán ina chladhaire	*John was a coward*
bhí Máire ina dochtúir	*Mary was a doctor*
tá siad ina gcleasaithe	*they are tricksters*

It is used with the verbal noun to denote continuous action:

tá sé ag obair	*he is working*
bhí sé ag ithe	*he was eating*

It is used with various prepositions to indicate position or location:

bhí sé ar an mbord	*it was on the table*
níl sé faoin leaba	*it is not under the bed*
beidh siad san abhainn	*they will be in the river*

It is used with chomh followed by an adjective to translate the equative, i.e. *as* . . . adj. . . . . *as*:

tá sé chomh mór le cnoc	*it is as big as a hill*
tá sé chomh ramhar le muc	*he is as fat as a pig*

It is used with ar followed by nouns and the superlative of the adjective to translate the construction *the* + {adj. + - est} + noun, or one of the {adj. + - est} + noun:

tá sé ar an duine is cliste sa rang	*he is the cleverest in the class*
bhí sé ar an bpáiste ba shalaí ansin	*he was the dirtiest child there*
tá sé ar (dhuine de) na daoine is fearr sa rang	*he is one of the best people in the class*
níl sí ar (bhean de) na mná is áille	*she is not one of the most beautiful women*

It is used to indicate a point/unit/specific notation of time, measurement, weight and price:

tá sé a naoi a chlog	*it is nine o'clock*
tá sí deich mbliana d'aois	*she is ten years old*
tá sé cloch mheáchain	*it weighs a stone*
tá sé slat ar leithead	*it is a yard in width*
bhí sé cúig pingine	*it cost five pence*

It is used with go followed by an adjective to form an adverb:

tá sé go breá inniu	*it is fine today*
bhí sé go maith inné	*he was well yesterday*
tá an aimsir go dona	*the weather is awful*

It is used with various prepositional pronouns followed by the verbal noun to convey a variety of meanings:

bhí orthu imeacht	*they had to leave*
tá agam le jab a dhéanamh	*I have to do a job*
bhí faoi fanacht ann	*he intended to stay there*

It is used with the adverb ann to denote existence:

bhí fear ann fadó	*there was a man once*
tá aimsir bhreá ann	*the weather is great*

ECLIPSIS OF VERBS

The initial letter of the verb is eclipsed:

a after the following particles and conjunctions: an, go, nach, cá, dá, mura, sula:

an **bh**fuil tú go maith?	*are you well?*
abair liom go **d**tiocfaidh tú	*tell me that you will come*
nach **g**cloiseann tú mé?	*don't you hear me?*
cá **n**-itheann tú do chuid bia?	*where do you eat your food?*
dá **n**-imeodh sé, bheinn sásta	*if he left, I would be happy*
mura **bh**fuil tú sásta leis sin, bíodh agat!	*if you're not happy with that, so be it!*
críochnaigh an obair sula **bh**fága tú an teach!	*finish the work before you leave the house!*

NOTE: an does not eclipse initial vowels:

an ólann tú bainne?	*do you drink milk?*

b after the indirect relative particle a:

an fear a **bh**fuil an t-airgead aige	*the man who has the money*
cad faoi a **mb**íonn tú ag caint?	*what do you talk about?*
an fear a **n**deachaigh a mhac go Sasana	*the man whose son went to England*
cén áit a **d**téann sí?	*where does she go?*
cén chaoi a **bh**fuil tú?	*how are you?*
cén fáth a **n**dearnadh é sin?	*why was that done?*
fan mar a **bh**fuil tú!	*stay where you are!*

NOTE: also included in this category are a (= *all that*) and dá (< de/do + a):

sin a **bh**faca mé an oíche sin	*that is all I saw that night*
an duine is cróga dá **bh**fuil ann	*the bravest person there is*

The initial letter of the irregular verb faigh is eclipsed after the negative particle ní in the conditional mood, the future and past tenses:

ní **bh**faighidh sí	*she won't get*
ní **bh**faigheadh sé	*he wouldn't get*
ní **bh**fuair mé	*I didn't get*

LENITION OF VERBS

The initial consonant of the verb is lenited:

a in independent forms in the **past** and **past habitual** tenses as well as in the **conditional mood**:

<blockquote>

chuir mé   chuirinn   chuirfinn

</blockquote>

Exceptions:
the above mentioned tenses of the verb abair; the past tense of faigh; the past passive of all verbs except in the case of the irregular forms bhíothas, chonacthas, chualathas, chuathas, thángthas

<blockquote>

dúirt mé
deirinn
déarfainn
fuair mé
moladh é

</blockquote>

b after the direct relative particle a and the following particles and conjunctions, most of which require the direct relative particle a: *cad / céard, cathain, *cé, cén uair, conas, má, mar (= *as, how*), nuair, ó:

<blockquote>

cad a cheapann tú?   *what do you think?*
cathain a thiocfaidh sé?   *when will he come?*
cé a dhéanann an obair?   *who does the work?*
cén uair a fhillfidh sé?   *when will he return?*
conas a dhéanfaidh sé é?   *how will he do it?*
má thagann sé in am   *if he comes on time*
mar a thuigimid uilig   *as we all understand*
nuair a fhágann sí an baile   *when she leaves home*
ó cheapann tú é sin   *since you think that*

</blockquote>

Exceptions: as in **a**

NOTE: *except when followed immediately by a prepositional pronoun.

c   after the negative particle ní:

>   ní chuireann / chuirfidh / chuirfeadh / chuireadh

Exceptions:
all tenses of the verb abair:

>   ní deir / deireadh / déarfaidh / déarfadh / dúirt

the future and past tenses and conditional mood of the verb faigh (eclipsis instead):

>   ní bhfaighidh / bhfuair / bhfaigheadh

d   after the particles níor, char, ar, gur, nár, cár, murar, sular and the indirect relative particle ar:

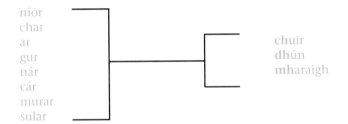

níor
char
ar
gur
nár
cár
murar
sular

chuir
dhún
mharaigh

THE COPULA IS

The copula has *two* main tenses, viz. the **present** which is also used for the **future** and the **past** which also serves for the **conditional mood**. There are also a few **present subjunctive** forms of the copula.

Present and Future Tense

	Affirmative	Negative	Interrogative Affirmative	Interrogative Negative
Independent	is	ní	an	nach
Dependent	gur(*b)	nach		
Relative				
Direct	is	nach		
Indirect	ar(*b)	nach		

*NOTE: the forms which end in b are *usually* used before words beginning with a vowel.

NOTE: unlike in the case of other verbs, no separate verbal particles (negative, interrogative etc.) are used with the copula but are instead incorporated into the various forms of the copula.

NOTE: ní prefixes h to the pronouns é, í, iad, ea and to adjectives and some nouns which begin with a vowel.

Forms of Copula with Conjunctions

cá	→	cár(*b)	cárb as é?	*where is he from?*
do	→	dar(*b)	fear darb ainm Seán	*a man called John*
má	→	más	más fíor é	*if it is true*
mura	→	mura(*b)	mura miste leat é	*if you don't mind*
ó	→	ós	ós é a rinne é	*since he did it*

*NOTE: the forms which end in b are ***usually*** used before words beginning with a vowel:

> tá a fhios agam gurb é Séamas a dhéanann an obair
> *I know that it is James who does the work*

Past Tense and Conditional Mood

	Affirmative	Negative	Interrogative Affirmative	Interrogative Negative
Independent	ba / b'	níor(bh)	ar(bh)	nár(bh)
Dependent	gur(bh)	nár(bh)	—	—
Relative				
Direct	ba / ab	nár(bh)	—	—
Indirect	ar(bh)	nár(bh)	—	—

Forms of Copula with Conjunctions

cá	→	cár(bh)	cárbh as é?	*where was he from?*
cé	→	cér(bh)	cérbh í?	*who was she?*
dá	→	dá mba	dá mba liom é	*if it were mine*
do	→	dar(bh)	fear darbh ainm Pól	*a man called Paul*
má	→	má ba	má b'fhíor sin	*if that was true*
mura	→	murar(bh)	murar bhréag é	*if it wasn't a lie*
ó	→	ó ba	ó b'fhearr leat é	*since you preferred it*

NOTE: the forms which end in bh are used before words beginning with a vowel or fh followed by a vowel:

> tá a fhios agam gurbh fhearr leis imeacht
> *I know that he would prefer to go*

NOTE: the affirmative, independent form ba → b' before vowels (except é, í, iad, ea) or fh followed by a vowel:

b'ait liom é sin	*I thought that strange*
b'fhearr liom imeacht	*I would prefer to leave*

The affirmative, direct relative form ba → ab before vowels or fh followed by a vowel:

an bhean ab áille	*the most beautiful woman*
an lá ab fhearr	*the best day*

NOTE: the past and conditional forms of the copula lenite:

> ba / níor / ar etc. bhreá an duine é?
> *he was / wasn't, was he etc. a great person?*

163

Present Subjunctive Mood

Affirmative	**Negative**
gura(*b)	nára(*b)

NOTE: the forms which end in b are ***usually*** used before words beginning with a vowel:

gurab amhlaidh duit!   *the same to you!*

Usage

The main use of the copula is to indicate that a noun or pronoun is or is not another noun or pronoun. Such a use is sometimes referred to as classificatory:

is buachaill (maith) é	*he is a (good) boy*
ní daoine bochta iad	*they are not poor people*
an amadán é?	*is he a fool?*
creidim gur cleasaí é	*I believe he is a trickster*
is feirmeoirí iad na fir sin	*those men are farmers*
dá mba mise thusa	*if I were you*
is Éireannach é	*he is an Irishman*

When followed immediately by the preposition le, it is used to indicate ownership:

an leat an leabhar?	*do you own the book?*
ní liom an t-airgead	*the money is not mine*
nach le Máire é?	*isn't it Mary's?*

It is used to emphasise any part of a sentence. In such cases, the information emphasised is placed at the start of the sentence immediately after the copula:

is é Seán a chuaigh amach	*John went out*
an abhaile a chuaigh sé?	*did he go home?*
nach tú a rinne é?	*didn't you do it?*
nach tinn atá sí?	*isn't she sick?*
ní leatsa an t-airgead	*the money isn't yours*
ba bhreá an fear é	*he was a fine man*

It is used in comparative and superlative constructions:

is fearr Seán ná Séamas	*John is better than James*
is í Máire is óige	*Mary is the youngest*
ba iad ab fhearr	*they were the best*

It is used with a variety of words nouns, adjectives, substantives followed by the preposition le to translate a great range of meanings:

is cuimhin liom	*I remember*
is maith liom	*I like*
is cuma liom	*I don't care*
is mian liom	*I wish*
is dóigh liom	*I think*
is oth liom	*I regret*
is fuath liom	*I hate*

When cé is used without a verb, the copula is understood but not written when it is followed immediately by an object pronoun, the definite article or seo, sin, siúd:

cé (hé) sin?	*who is that?*
cén bhean (í) seo?	*who is this woman?*
cé hiad na daoine sin?	*who are those people?*

When cad is used without a verb, the copula is understood but not written when it is followed immediately by é:

cad é sin?	*what is that?*
cad é an t-am é?	*what time is it?*
cad é an mhaith é?	*what good is it?*

CONJUNCTIONS AND VERBAL PARTICLES

Má

It is used *mainly* with the present and past indicative tenses. When one wishes to express a future meaning after má, the present form of the verb is used:

má thagann sé amárach   *if he comes tomorrow*

When one wishes to express the future tense of the substantive verb after má, the present habitual form of the verb is used:

má bhíonn sé i láthair amárach   *if he is present tomorrow*

It lenites except:

a   tá: má tá an ceart aige

b   those forms of the irregular verb abair which begin with d:

má deir / deireadh / dúirt sé

c   fuair: má fuair sé (i.e. past tense *only* of faigh)

d   the past passive of all the regular verbs and of some of the irregular verbs:

má cuireadh, má moladh, má fágadh, má tugadh

It is followed by the independent form of the verb and, in the case of those verbs beginning with a vowel or f which are preceded by d' in the past tenses, the d' remains unaffected:

má d'ól/d'óladh sé   má d'fhan/d'fhanadh sé
má chuireann/chuireadh/chuir sé   má dhúnann/dhúnadh/dhún sí

It combines with the copula is to give más:

más maith leat   más fíor é

Dá

It is used only with the conditional or past subjunctive. It eclipses and is followed by the dependent form of the verb:

dá mbeadh sé	*if he were*
dá gceannódh sé	*if he bought / were to buy*
dá n-ólfadh sé	*if he drank / were to drink*
dá bhfágfadh sé	*if he left / were to leave*

SIMPLE CONJUNCTIONS

The following is a list of conjunctions commonly used in Irish:

mar / nó / óir *for*

óir is tú a rinne é	*for it is you who did it*
nó tiocfaidh an lá sa deireadh	*for the day will finally come*
mar dá bhfeicfinn é	*for if I had seen him*

POSITIVE VERBAL PARTICLES

An

It is used with all verbs in all tenses except:

a the imperative and present subjunctive moods
b the past tense of all regular verbs and the irregular verbs beir, clois / cluin, ith, tabhair, tar.

It eclipses and takes the dependent form of the verb:

an gcuireann / gcuirfidh / gcuireadh / gcuirfeadh sé?
an ndéanann / ndéanfaidh / ndéanadh / ndéanfadh / ndearna sé?
an bhfágann / bhfágfaidh / bhfágadh / bhfágfadh sé?
an ólann / ólfaidh / óladh / ólfadh sé?

NOTE: an does not eclipse verbs whose initial is a vowel:

an ólann tú?   an imreoidh tú?

168

Ar

It is used *only* in the past tense with all regular verbs and with the irregular verbs beir, clois / cluin, ith, tabhair, tar.

It lenites and takes the dependent form of the verb:

    ar chuir sí?   ar fhág sí?   ar ól sí?   ar ith sí?

NOTE: it does not lenite the initial consonant of the past passive of regular verbs or of the irregular verb tabhair:

    ar cuireadh?   ar tugadh?

Go

It is used with all verbs in all tenses except:

a   the imperative mood
b   the past tense of all regular verbs and the irregular verbs beir, clois / cluin, ith, tabhair, tar.

It eclipses and takes the dependent form of the verb:

    go gcuireann / gcuirfidh / gcuireadh / gcuirfeadh / gcuire sé
    go ndéanann / ndéanfaidh / ndéanadh / ndéanfadh / ndearna / ndéana sé
    go bhfágann / bhfágfaidh / bhfágadh / bhfágfadh / bhfága sé
    go n-ólann / n-ólfaidh / n-óladh / n-ólfadh / n-óla sé

Gur

It is used *only* in the past tense with all regular verbs and with the irregular verbs beir, clois / cluin, ith, tabhair, tar.

It lenites and takes the dependent form of the verb:

    gur chuir sí   gur fhág sí   gur ól sí   gur ith sí

NOTE: it does not lenite the initial consonant of the past passive of regular verbs or of the irregular verb tabhair:

    gur cuireadh   gur tugadh

Sula

It is used with all verbs in all tenses except:

a the imperative mood
b the past tense of all regular verbs and the irregular verbs beir, clois / cluin, ith, tabhair, tar.

It eclipses and takes the dependent form of the verb:

sula gcuireann / gcuirfidh / gcuireadh / gcuirfeadh / gcuire sé
sula ndéanann / ndéanfaidh / ndéanadh / ndéanfadh / ndearna / ndéana sé
sula bhfágann / bhfágfaidh / bhfágadh / bhfágfadh / bhfága sé
sula n-ólann / n-ólfaidh / n-óladh / n-ólfadh / n-óla sé

Sular

It is used **only** in the past tense with all regular verbs and with the irregular verbs beir, clois / cluin, ith, tabhair, tar.

It lenites and takes the dependent form of the verb:

sular chuir sí   sular fhág sí   sular ól sí   sular ith sí

NOTE: it does not lenite the initial consonant of the past passive of regular verbs or of the irregular verb tabhair:

sular cuireadh   sular tugadh

Cá

It is used with all verbs in all tenses except:

    a   the imperative and the present subjunctive moods
    b   the past tense of all regular verbs and the irregular verbs beir, clois / cluin, ith, tabhair, tar.

It eclipses and takes the dependent form of the verb:

cá gcuireann / gcuirfidh / gcuireadh / gcuirfeadh sé?
cá ndéanann / ndéanfaidh / ndéanadh / ndéanfadh / ndearna sé?
cá bhfágann / bhfágfaidh / bhfágadh / bhfágfadh sé?
cá n-ólann / n-ólfaidh / n-óladh / n-ólfadh sé?

Cár

It is used **only** in the past tense with all regular verbs and with the irregular verbs beir, clois / cluin, ith, tabhair, tar.

It lenites and takes the dependent form of the verb:

cár chuir sí?   cár fhág sí?   cár ól sí?   cár ith sí?

NOTE: it does not lenite the initial consonant of the past passive of regular verbs or of the irregular verb tabhair:

cár cuireadh?   cár tugadh?

NEGATIVE VERBAL PARTICLES

Ná

It is used **only** with the imperative mood.

It prefixes h to initial vowels.

ná mol!	*don't praise!*	ná fág!	*don't leave!*
ná hith!	*don't eat!*		

Ní

It is used with all verbs in all tenses except:

a the imperative and present subjunctive moods
b the past tense of all regular verbs and the irregular verbs beir, clois / cluin, ith, tabhair, tar.

It lenites and takes the dependent form of the verb:

ní chuireann / chuirfidh / chuireadh / chuirfeadh sé
ní dhéanann / dhéanfaidh / dhéanadh / dhéanfadh / dhearna sé
ní fhágann / fhágfaidh / fhágadh / fhágfadh sé
ní ólann / ólfaidh / óladh / ólfadh sé

Exceptions:
It eclipses the irregular verb faigh in the future, conditional and past tenses:

ní bhfaighidh / bhfaigheadh / bhfuair sé

It does not affect those forms of the irregular verb abair which begin with d:

ní deir / déarfaidh / deireadh / déarfadh / dúirt sé

Níor

It is used **only** in the past tense with all regular verbs and with the irregular verbs beir, clois / cluin, ith, tabhair, tar.

It lenites and takes the dependent form of the verb:

    níor chuir sí   níor fhág sí   níor ól sí   níor ith sí

NOTE: it does not lenite the initial consonant of the past passive of regular verbs or of the irregular verb tabhair:

    níor moladh   níor tugadh

Cha

There exists in Ulster Irish, most frequently nowadays in North and West Donegal, a negative particle cha.

It is used with all verbs in all tenses **except**:

a   the imperative and the present subjunctive moods

b   the past tense of all regular verbs and the irregular verbs beir, clois / cluin, ith, tabhair, tar.

c   the future tense. To translate a future meaning, the present tense of the verb is used and, in the case of the substantive verb, the present habitual tense.

It lenites initial b, c, f, g, m, p, s. It becomes chan before initial vowels or f. It takes the dependent form of the verb:

        cha chuireann / chuireadh / chuirfeadh sé
        chan fhágann / fhágadh / fhágfadh sé
        chan ólann / óladh / ólfadh sé

NOTE: it must be stressed here that in the various Ulster dialects in which cha is used, different rules often apply concerning initial mutations following it.

Char

It is used ***only*** in the past tense with all regular verbs and with the irregular verbs beir, cluin, ith, tabhair, tar.

It lenites and takes the dependent form of the verb:

char chuir sí   char fhág sí   char ól sí   char ith sí

NOTE: it does not lenite the initial consonant of the past passive of regular verbs or of the irregular verb tabhair.

char moladh   char tugadh

Nach

It is used with all verbs in all tenses except:

a   the imperative and present subjunctive moods
b   the past tense of all regular verbs and the irregular verbs beir, clois / cluin, ith, tabhair, tar.

It eclipses and takes the dependent form of the verb:

nach gcuireann / gcuirfidh / gcuireadh / gcuirfeadh sé
nach ndéanann / ndéanfaidh / ndéanadh / ndéanfadh / ndearna sé
nach bhfágann / bhfágfaidh / bhfágadh / bhfágfadh sé
nach n-ólann / n-ólfaidh / n-óladh / n-ólfadh sé

Nár

It is used in the past tense with all regular verbs and with the irregular verbs beir, clois / cluin, ith, tabhair, tar. It is also used with the present subjunctive mood. It lenites and takes the dependent form of the verb:

nár chuir sí   nár fhág sí   nár ól sí   nár ith sí   nár fheice tú!

NOTE: it does not lenite the initial consonant of the past passive of regular verbs or of the irregular verb tabhair:

nár cuireadh   nár tugadh

Mura

It is used with all verbs in all tenses except:

a   the imperative mood
b   the past tense of all regular verbs and the irregular verbs beir, clois / cluin, ith, tabhair, tar.

It eclipses and takes the dependent form of the verb:

mura gcuireann / gcuirfidh / gcuireadh / gcuirfeadh / gcuire sé
mura ndéanann/ndéanfaidh/ndéanadh/ndéanfadh/ndearna/ndéana sé
mura bhfágann / bhfágfaidh / bhfágadh / bhfágfadh / bhfága sé
mura n-ólann / n-ólfaidh / n-óladh / n-ólfadh / n-óla sé

NOTE: it combines with the copula to become mura (murab before vowels) in the pres./fut. tenses and murar (murarbh before vowels) in the cond. mood and past tense.

Murar

It is used *only* in the past tense with all regular verbs and with the irregular verbs beir, clois / cluin, ith, tabhair, tar.

It lenites and takes the dependent form of the verb:

murar chuir sí   murar fhág sí   murar ól sí   murar ith sí

NOTE: it does not lenite the initial consonant of the past passive of regular verbs or of the irregular verb tabhair:

murar cuireadh   murar tugadh

RELATIVE CLAUSES

DIRECT RELATIVE CLAUSE

1 A direct relative clause occurs when the noun at the beginning of the sentence (= the **antecedent**) is the subject of the verb in the following relative clause.

noun subj. + dir. rel. part. + verb + other:

an fear a bhuail an cat	*the man who hit the cat*
an bhean a ólann an tae	*the woman who drinks the tea*
na daoine a imíonn abhaile go luath	*the people who go home early*

2 A direct relative clause occurs when the noun at the beginning of the sentence (= the **antecedent**) is the direct object of the verb in the following relative clause.

noun obj. + dir. rel. part. + verb + subj. + other:

an chulaith a cheannaigh mé	*the suit (which) I bought*
an t-airgead a chaithim gach lá	*the money (which) I spend every day*
an cluiche a fheicfimid amárach	*the game (that) we will see tomorrow*

3 After am, lá, oíche, bliain or other nouns denoting time,* *either* an indirect *or* direct relative clause can be used:

cén lá a thagann / dtagann sé?	*on which day does he come?*
cén bhliain a / ar tharla sé sin?	*in what year did that happen?*
cén t-am a chonaic / bhfaca tú é?	*when did you see him?*

*NOTE: after uair, a direct relative clause is **always** used:

cén uair a thiocfaidh sé?	*when will he come?*

176

4   After cá / cé mhéad, cá fhad, cathain, cén uair, conas, nuair **and** mar (*like, how, as*), the following relative clause is direct:

cá mhéad duine a bhí ann?	*how many people were there?*
cathain a thiocfaidh sé anseo?	*when will he come here?*
cén uair a fheicfidh tú é?	*when will you see him?*
conas a dhéanfaidh sé sin?	*how will he do that?*
nuair a cheapaim an liathróid	*when I catch the ball*
rith sé **mar a** bheadh capall ann	*he ran like a horse*
cá fhad a chaitheann tú ansin gach lá?	*how long do you spend there every day?*

5   When the interrogative particles cé, cad / céard **are** followed *immediately* by a relative particle, the following relative clause is direct.

cé a chuaigh amach anois beag?	*who went out a while ago?*
cad a dhéanfaidh sé leis an airgead?	*what will he do with the money?*
cé a bhris an fhuinneog?	*who broke the window?*

6   After an abstract noun, the following relative clause is *usually* direct:

bhí iontas orm **a laghad obair a rinne sé**
I was amazed at the little amount of work that he did

chuir sé eagla orm **a uaigní a bhí an choill**
it frightened me how lonely the wood was

tá a fhios agam **a fheabhas a d'éirigh leo**
I know how well they got on

cá mhinice a théann tú ann?
how often do you go there?

is ionadh liom **a dheacra atá sé**
I am amazed at how difficult it is

Direct Relative Particle Positive

a

It is used in **all** tenses (except pres. subj. & impv.) with **all** verbs. It lenites the initial consonant of all verbs except:

a   tá (NOTE: a is joined to the present tense of this verb, e.g. atá)
b   all tenses of verb abair
c   the past tense of the verb faigh
d   the past passive of **all** verbs except the irregular bhíothas, chonacthas, chualathas, chuathas, thángthas
e   verbs preceded by d' in the past tenses and in the conditional mood.

> an fear **atá** ina chónaí anseo
> an té a **deir** / **deireadh** / **déarfaidh** / **déarfadh** / **dúirt** é sin
> an bhean a **fuair** an t-airgead
> an madra a **buaileadh** inné
> an páiste a **d'fhág** / **d'fhág(f)adh** an teach go luath
> an cat a **d'ith**(eadh) / **d'íosfadh** a dhinnéar

NOTE: After cad (é) / céard followed by tá and deir, the dir. rel. part. a is dropped:

> cad (é) tá aige?   *what has he?*
> cad (é) deir tú?   *what do you say?*
> céard tá ort?   *what is wrong with you?*

After conas, followed by tá, the dir. rel. part. a is also dropped:

> conas tá **sibh**?   *how are you* pl. *?*

Direct Relative Particle Negative

Nach

It is used in **all** tenses (except pres. subj. & impv.) with **all** verbs *except* the past tense of all regular verbs and the irregular verbs beir, clois / cluin, ith, tabhair, tar.

It eclipses and takes the dependent form of the verb:

an fear **nach** gcuireann / gcuirfidh / gcuireadh / gcuirfeadh an madra amach
an máistir **nach** ndéanann / ndéanfaidh / ndéanadh / ndéanfadh / ndearna an obair
na daoine **nach** bhfágann / bhfágfaidh / bhfágadh / bhfágfadh an teach
na páistí **nach** n-ólann / n-ólfaidh / n-óladh / n-ólfadh an bainne

Nár

It is used **only** in the past tense with all regular verbs and with the irregular verbs beir, clois / cluin, ith, tabhair, tar. It lenites and takes the dependent form of the verb:

an páiste dána **nár** chuir sí amach
an scoil **nár** fhág sí nuair a bhí sí óg
an bainne **nár** ól siad
an dinnéar **nár** ith tú

NOTE: it does not lenite the initial consonant of the past passive of regular verbs or of the irregular verb tabhair.

an t-airgead **nár** caitheadh sa siopa
ní fiú éisteacht leis an bhfear **nár** moladh
chaith mé amach an bia **nár** tugadh do na madraí

Direct Relative Forms of the Copula

NOTE: there is no relative particle for any form of the copula in any tense.

PRESENT / FUTURE TENSE

Affirmative	Negative
is	nach

sin (é) an rud **is** maith liom	sin rud **nach** ceart a rá
sin ceacht **is** furasta a dhéanamh	sin scéal **nach** ceart a lua
sin fear **is** sine ná é	sin dán **nach** cuimhin liom
Máire **is** ainm dom	
déan ceacht ar bith **is** mian leat	
is é Peadar an buachaill **is** dána	
feicim an té **is** athair duit	

PAST TENSE / CONDITIONAL MOOD

Affirmative	Negative
ba / *ab	nár(bh)

sin rud **ba** mhaith liom a fheiceáil	rud **nár** cheart a lua
an rud **ab** fhusa a dhéanamh	scéal **nárbh** fhíor
an té **ab** athair di	

NOTE: the affirmative, direct relative form ba ➜ ab and negative nár ➜ nárbh before vowels or fh followed by a vowel:

> an bhean **ab** áille, an lá **ab fh**earr, an rud **nárbh fh**íor.

NOTE: the past and conditional forms of the copula also lenite:

> ba / ab / nár(bh) **srl.**   rud nár cheart a rá

INDIRECT RELATIVE CLAUSE

1   When the interrogative particles cé, cad / céard are followed ***immediately*** by a prepositional pronoun or compound preposition, the following relative clause is indirect.

cé dó a dtugtar an t-airgead?	*to whom is the money given?*
cad / céard leis a nglantar é?	*with what is it cleaned?*
cad / céard faoi a mbíonn sibh ag magadh?	*about what do you joke? / are you joking?*
cé leis a raibh tú ag damhsa?	*with whom were you dancing?*
cé ina aghaidh a mbeidh sibh ag imirt?	*against whom will you play / be playing?*

2   When the relative particle expresses the meaning *all that*, the following relative clause is indirect:

sin a bhfuil le rá agam leat	*that is all I have to say to you*
d'ól sé a bhfuair sé aréir	*he drank all he got last night*
caithfidh mé a bhfaighidh mé uaidh	*I'll spend all I'll get from him*
tar éis a ndearna mé ar do shon!	*after all I did for you!*

NOTE: gach standing alone can also precede the relative particle with no change of status of the indirect relative clause but if gach is followed by a noun, the relative clause then becomes direct, except when followed by dá(r):

gach a bhfuil le rá aige (gach rud atá le rá aige)	*all he has to say*
gach a bhfaighidh tú (gach rud a gheobhaidh tú)	*all you will get*
gach ar ól mé (gach rud a d'ól mé)	*all I drank*
gach pingin dá bhfuair sé	*every penny he got*
gach uair dár chuimhnigh sé air	*every time he remembered it*

3 After the phrases an áit / cén áit / cá háit a(r), an chaoi / cén chaoi a(r), an dóigh / cén dóigh a(r), an fáth / cén fáth a(r), cad chuige / tuige a(r), the following relative clause is **usually** indirect:

sin (é) **an áit a bhfuil** an dochar	*that is where the harm is*
cén áit a bhfuil an deacracht?	*where is the difficulty?*
cá háit ar chaill sí an fáinne?	*where did she lose the ring?*
an chaoi a ndeirtear é sin	*the way that is said*
cén chaoi a bhfuil tú?	*how are you?*
an dóigh a ndéantar an obair anseo	*the way the work is done here*
cén dóigh ar éirigh leis sa scrúdú?	*how did he perform in the exam?*
cén fáth nach ndéanfá é sin?	*why wouldn't you do that?*
cad chuige a bhfuil tú ag rith?	*why are you running?*

4 After am, lá, oíche, bliain or other nouns denoting time,* **either** an indirect **or** direct relative clause can be used:

cén lá a thagann / dtagann sé?	(*on*) *which day does he come?*
cén bhliain a / ar tharla sé sin?	(*in*) *what year did that happen?*
cén t-am a chonaic / bhfaca tú é?	*when did you see him?*

NOTE: * after uair, a direct relative clause is **always** used:

cén uair a thiocfaidh sé?	*when will he come?*

5 An indirect relative clause occurs in the following situation in an Irish sentence:

noun + ind. rel. part. + verb + poss. adj. + noun + other

an fear a bhfuil a iníon san otharlann
the man whose daughter is in the hospital

sin (í) **an bhean a ndeachaigh** a mac le leigheas
that is the woman whose son studied medicine

cá bhfuil an scannán **a bhfaca mé** a thús?
where is the film, the beginning of which I saw?

an buachaill **ar maraíodh** a athair
the boy whose father was killed

NOTE: the poss. adj. agrees in number and gender with the noun at the beginning of the sentence (= the **antecedent**).

This type of relative clause is introduced in English by whose, of which.

6 An indirect relative clause occurs in the following situation in an Irish sentence:

noun + ind. rel. part. + verb + noun + prep. pron:

an fear **a dtugaim** an t-airgead **dó**
the man to whom I give the money

na poill **a dtagann** na coiníní **astu**
the holes out of which the rabbits come

an bhean **a raibh** mé ag caint **léi**
the woman with whom I was talking

an chistin **a mbíonn** na páistí **inti**
the kitchen in which the children are

NOTE: the prep. pron. at the end of the sentence agrees in number and gender with the noun at the beginning of the sentence (= the **antecedent**).

A variant of this indirect relative clause is also used:

noun + {* prep. + ind.rel.part.} + verb + noun + other:

na fir **lena raibh** mé ag caint
the men with whom I was talking

an chistin **as a dtagann** na páistí
the kitchen out of which the children come

an t-óstán **ina mbíonn** siad ag ól
the hotel in which they drink

an bord **ar a bhfuil** an cupán
the table on which the cup is

* Sometimes the prep. and indir. rel. part. merge e.g. lena(r), ina(r), sometimes not, e.g. as a(r), ar a(r) etc.

183

7 When an object pronoun referring to the noun at the beginning of the sentence is inserted at the end of the sentence to avoid ambiguity, the relative clause is indirect:

> an gasúr **ar bhuail** an múinteoir é
> *the boy whom the teacher beat*
>
> an moltóir **a gcáineann** go leor daoine é
> *the referee whom many people blame*

8 An indirect relative clause follows the adverb mar when it means *where*:

> fan **mar a bhfuil** tú!
> *stay where you are!*
>
> gheobhaidh tú iad **mar ar chuir** tú iad
> *you'll get them where you put them*

Indirect Relative Particle Positive

a

It is used in **all** tenses (except pres. subj. and impv.) with **all** verbs **except** the past tense of all regular verbs and the irregular verbs beir, clois / cluin, ith, tabhair, tar.

It eclipses and takes the dependent form of the verb:

an bata **a mbuailim** / **mbuailinn** / **mbuailfidh mé** / **mbuailfinn** an madra leis
an duine **a ndéanann** / **ndéanadh** / **ndéanfaidh** / **ndéanfadh** sé coinne leis
an cupán **a n-ólann** / **n-óladh** / **n-ólfaidh** / **n-ólfadh** sí an bainne as

ar

It is used **only** in the past tense with all regular verbs and with the irregular verbs beir, clois / cluin, ith, tabhair, tar.

It lenites and takes the dependent form of the verb:

an bosca **ar chuir** mé i bhfolach ann é
the box in which I hid it

an fear **ar mharaigh** a mhac an capall
the man whose son killed the horse

an mháthair **ar ith** a hiníon a cuid milseán
the mother whose daughter ate her sweets

na daoine óga **ar fhág** a dtuismitheoirí an talamh acu
the young people whose parents left them the land

NOTE: it does not lenite the initial consonant of the past passive of either the regular verb or of the irregular verb tabhair.

an fear **ar maraíodh** a mhac
the man whose son was killed

an cupán **ar óladh** an t-uisce as
the cup out of which the water was drunk

an bhean **ar tugadh** drochíde dá fear
the woman whose husband was abused

Indirect Relative Particle Negative

nach

It is used in *all* tenses (except pres. subj. and impv.) with *all* verbs *except* the past tense of all regular verbs and the irregular verbs beir, clois / cluin, ith, tabhair, tar.

It eclipses and takes the dependent form of the verb:

an fear **nach moltar** / **moltaí** / **molfar** / **molfaí** a mhac
an máistir **nach dtugann** / **dtugadh** / **dtabharfaidh** /
dtabharfadh na páistí a cheart dó
na daoine **nach bhfanann** / **bhfanadh** / **bhfanfaidh** / **bhfanfadh** sí leo
an seomra **nach n-ithim** / **n-ithinn** / **n-íosfaidh mé** / **n-íosfainn**
an bia ann

nár

It is used *only* in the past tense with all regular verbs and with the irregular verbs beir, clois / cluin, ith, tabhair, tar.

It lenites and takes the dependent form of the verb:

an páiste dána **nár chuimhnigh** sí air
the bold child whom she didn't remember

an scoil **nár fhág** sí a cuid fuinneog ar oscailt
the school whose windows she didn't leave open

an cupán **nár** ól siad aon deoch as
the cup out of which they didn't drink

NOTE: it does not lenite the initial consonant of the past passive of regular verbs or of the irregular verb tabhair.

an teach **nár fágadh** solas lasta ann
the house which was left unlit

an bhó **nár maraíodh** a lao
the cow whose calf wasn't killed

an fear bocht **nár tugadh** cabhair dó
the poor man who wasn't helped

Indirect Relative Forms of the Copula

NOTE: there is *no* relative particle for any form of the copula in any tense.

PRESENT / FUTURE TENSE

Affirmative ar(*b)	Negative nach
sin fear **ar** fuath leis a chlann	sin múinteoir **nach** maith leis a ghlór féin
sin bean **arb** amhránaí í a hiníon	sin fear **nach** Sasanaigh iad a mhuintir
sin gasúr **ar** peileadóir maith é	seo imreoir **arb** eol dó na rialacha

NOTE: the form ending in b is the one used before words beginning with a vowel.

PAST TENSE / CONDITIONAL MOOD

Affirmative ar(*bh)	Negative nár(*bh)
sin deacracht **ar** cheart díriú uirthi	fear **nár** Shasanaigh iad a ghaolta go léir
sin bean **arbh** amhránaí í a hiníon ina hóige	file **nárbh** fhiú a chuid filíochta a fhoghlaim
an té **arbh** eol dó an fhírinne	

NOTE: the forms which end in bh are used before words beginning with a vowel or fh followed by a vowel.

NUMBERS

CARDINAL NUMBERS

The following are the forms of numerals used when they are not followed immediately by a noun:

1	a haon	11	a haon déag
2	a dó	12	a dó dhéag
3	a trí	13	a trí déag
4	a ceathair	14	a ceathair déag
5	a cúig	15	a cúig déag
6	a sé	16	a sé déag
7	a seacht	17	a seacht déag
8	a hocht	18	a hocht déag
9	a naoi	19	a naoi déag
10	a deich		

NOTE: a precedes all those numbers and prefixes h to aon and ocht. The initial of déag is lenited after dó.

20	fiche	21	fiche a haon
22	fiche a dó	23	fiche a trí
30	tríocha	31	tríocha a haon
40	daichead	41	daichead a haon
50	caoga	51	caoga a haon
60	seasca	61	seasca a haon
70	seachtó	71	seachtó a haon
80	ochtó	81	ochtó a haon
90	nócha	91	nócha a haon
100	céad	101	céad a haon
1,000	míle	1,001	míle a haon
1,000,000	milliún		

Cardinal Numbers Followed by Nouns

The following are the forms of numerals used when they are followed immediately by a noun:

1   aon bhád amháin
aon lenites initial b, c, f, g, m, p. It does not lenite initial d, t, s.

2   dhá bhád
Lenites and is followed by singular noun.

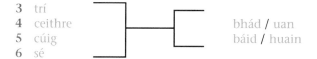

3   trí
4   ceithre
5   cúig
6   sé

bhád / uan
báid / huain

These numbers can be followed by singular or plural of noun except in case of bliain, ceann, cloigeann, fiche, uair, pingin, scilling, seachtain, ubh which require their special plural forms to be used:

trí **bliana**, ceithre **cinn**, cúig **cloigne**, sé **fichid** etc.

If the singular noun is used, the initial consonant is lenited. If the plural noun is used, there is no lenition but h is prefixed to initial vowels:

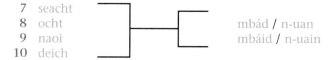

7   seacht
8   ocht
9   naoi
10   deich

mbád / n-uan
mbáid / n-uain

These numbers can be followed by singular or plural of noun except in case of bliain, ceann, cloigeann, fiche, uair, pingin, scilling, seachtain, ubh which require their special plural for ms to be used:

seacht **n-uaire**, ocht **bpingine**, naoi **scillinge**,
deich **seachtaine**, deich **n-uibhe** etc.

Initial consonants and vowels are always eclipsed whether the singular or plural noun is used.

11-19　The pattern is the same as for 1- 10 except that déag is placed after the noun:

aon bhád déag, dhá bhád déag, trí bhád déag, ceithre uan déag etc.

NOTE: the initial of déag is lenited when the preceding noun is singular and ends in a vowel or is plural and ends in a slender consonant (except cinn):

trí chluiche **dhéag**　　　　seacht n-ua**in dhéag**

20	fiche	
30	tríocha	
40	daichead	
50	caoga	
60	seasca	capall
70	seachtó	teach
80	ochtó	
90	nócha	
100	céad	
1,000	míle	
1,000,000	milliún	

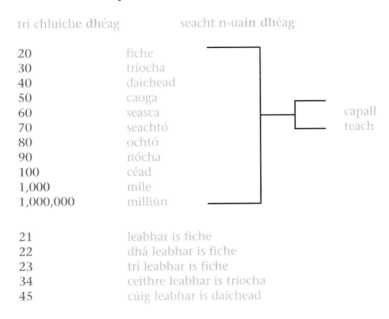

21	leabhar is fiche
22	dhá leabhar is fiche
23	trí leabhar is fiche
34	ceithre leabhar is tríocha
45	cúig leabhar is daichead

Genitive Case and Cardinal Numbers

1	luach aon bháid amháin	11	luach aon bháid déag
2	luach dhá bhád	20	luach fiche bád
3	luach trí bhád	30	luach tríocha bád
4	luach ceithre bhád	100	luach céad bád
5	luach cúig bhád	1,000	luach míle bád
6	luach sé bhád	1,000,000	luach milliún bád
7	luach seacht mbád		
8	luach ocht mbád		
9	luach naoi mbád		
10	luach deich mbád		

NOTE: only in the case of 1, 11, 21 etc. is the noun put in the genitive case.

The Definite Article and Cardinal Numbers

1	an t-aon bhád / chistin / asal amháin
2	an dá bhád / chistin / asal
3	na trí bhád / chistin / asal
4	na ceithre bhád / chistin / asal
5	na cúig bhád / chistin / asal
6	na sé bhád / chistin / asal
7	na seacht mbád / gcistin / n-asal
8	na hocht mbád / gcistin / n-asal
9	na naoi mbád / gcistin / n-asal
10	na deich mbád / gcistin / n-asal
20	an fiche fear / cistin / asal
30	an tríocha fear / cistin / asal
100	an céad fear / cistin / asal
1,000	an míle fear / cistin / asal

Genitive Case and Definite Article and Cardinal Numbers

1	airgead an aon fhir / na haon mhná amháin
2	luach an dá chapall / an dá bhó
3	luach na dtrí chapall / bhó
4	luach na gceithre chapall / bhó
5	luach na gcúig chapall / bhó
6	luach na sé chapall / bhó
7	luach na seacht gcapall / mbó
8	luach na n-ocht gcapall / mbó
9	luach na naoi gcapall / mbó
10	luach na ndeich gcapall / mbó
20	luach an fiche capall / bó
30	luach an tríocha capall / bó
70	luach an seachtó capall / bó
100	luach an céad capall / bó
1,000	luach an mhíle capall / bó
1,000,000	luach an mhilliún capall / bó

NOTE: initial f and s are not lenited.

Cardinal Numbers and Adjectives

1	aon chapall mór / bhó mhór amháin
2	dhá chapall mhóra / bhó mhóra
3	trí chapall mhóra / bhó mhóra
4	ceithre chapall mhóra / bhó mhóra
5	cúig chapall mhóra / bhó mhóra
6	sé chapall mhóra / bhó mhóra
7	seacht gcapall mhóra / mbó mhóra
8	ocht gcapall mhóra / mbó mhóra
9	naoi gcapall mhóra / mbó mhóra
10	deich gcapall mhóra / mbó mhóra

NOTE: when the pl. form of the noun is used in above, the usual rules for lenition of adjectives in pl. apply:

sé cluichí gearra   naoi gcapaill **mh**óra

11	aon chapall déag **mh**óra / bhó dhéag **mh**óra
20	fiche capall mór / bó **mh**ór
100	céad capall mór / bó **mh**ór

PERSONAL NUMBERS

1	duine amháin
2	beirt bhan / fhear / pháistí

Lenites and is followed by the genitive plural.

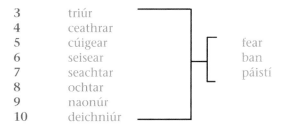

3	triúr
4	ceathrar
5	cúigear
6	seisear
7	seachtar
8	ochtar
9	naonúr
10	deichniúr

fear
ban
páistí

No lenition but is followed by the genitive plural.

11	aon duine dhéag
12	dháréag
13	trí dhuine dhéag
14	ceithre dhuine dhéag
15	cúig dhuine dhéag
16	sé dhuine dhéag
17	seacht nduine dhéag
18	ocht nduine dhéag
19	naoi nduine dhéag
20	fiche duine

The Definite Article and Personal Numbers

1   an duine amháin
2   an bheirt bhan / fhear / pháistí

Lenites and is followed by the genitive plural.

3   an triúr
4   an ceathrar
5   an cúigear   fear
6   an seisear   ban
7   an seachtar   páistí
8   an t-ochtar
9   an naonúr
10   an deichniúr

No lenition but is followed by the genitive plural.

The Genitive Case of Personal Numbers

1   mála (an) duine
2   achrann (na) beirte
3   sáith (an) triúir
4   díol (an) c(h)eathrair
5   áit (an) c(h)úigir
6   coiste (an) (t)seisir
7   teach (an) (t)seachtair
8   cor (an) ochtair
9   dóthain (an) naonúir
10   le haghaidh (an) deichniúir

The personal number is always in the genitive case and subject to the normal rules governing a noun in the genitive case when preceded by another definite or indefinite noun or genitive introducing word or phrase.

ORDINAL NUMBERS

1st   an chéad bhean / chat / asal   [pl. na chéad daoine]

céad is lenited after the def. art. in all cases, sg. and pl., except sometimes in the dat. sg. when it is eclipsed. It lenites initial b, c, f, g, m, p.

2nd	an dara bean / cat / hasal
3rd	an tríú bean / cat / hasal
4th	an ceathrú bean / cat / hasal
5th	an cúigiú bean / cat / hasal
6th	an séú bean / cat / hasal
7th	an seachtú bean / cat / hasal
8th	an t-ochtú bean / cat / hasal
9th	an naoú bean / cat / hasal
10th	an deichiú bean / cat / hasal

The initial consonant of the noun is not lenited but h is prefixed to initial vowels

11th	an t-aonú bean / cat / hasal déag
12th	an dara bean / cat / hasal déag

Genitive Case and Ordinal Numbers

1st   hata an chéad fhir / na chéad mhná
pl. luach na chéad uan

céad is lenited after the def. art. in all cases, sg. and pl., except sometimes in the dat. sg. when it is eclipsed. It lenites initial b, c, f, g, m, p.

2nd   teach an dara mac / an dara mic
teach an dara bean / na dara mná

3rd   teach an tríú mac / an tríú mic
teach an tríú bean / na tríú mná

4th   teach an cheathrú fear / an cheathrú fir
teach an cheathrú bean / na ceathrú mná

5th   teach an chúigiú fear / an chúigiú fir
teach an chúigiú bean / na cúigiú mná

6th   teach an tséú fear / an tséú fir
teach an tséú bean / na séú mná

7th   teach an tseachtú fear / an tseachtú fir
teach an tseachtú bean / na seachtú mná

8th   teach an ochtú fear / an ochtú fir
teach an ochtú bean / na hochtú mná

9th   teach an naoú fear / an naoú fir
teach an naoú bean / na naoú mná

10th   teach an deichiú fear / an deichiú fir
teach an deichiú bean / na deichiú mná

VARIA

FORENAMES

Like other nouns, forenames of men and women are either masculine or feminine and belong to the various declensions:

Masc.	Seán	*John*	Peadar	*Peter*
	Brian	*Brian*	Séamas	*James*
Fem.	Máire	*Mary*	Bríd	*Bridget*

There are usually only two possible **inflected** forms of forenames, i.e. the **vocative** and the **genitive**.

Vocative Case

The vocative case is preceded by the vocative particle **a** which lenites:

a Mháire!   a Sheáin!   a Eoghain!

The ending of the vocative case of forenames is the same as in the nominative case *except* with **1st** declension names. In the case of the latter, the vocative ending is the same as the genitive singular ending:

a Sheáin!	a Pheadair!	a Bhriain!	a Shéamais!
a Mháire!	a Bhríd!	a Chríostóir!	

Genitive Case

The genitive endings of forenames follow the usual pattern for genitive case endings in the various declensions:

teach Pheadair	*Peter's house*
siopa Shéamais	*James's shop*
lámh Bhríde	*Bridget's hand*
leabhar Chríostóra	*Christopher's book*
bó Laoisí	*Lucy's cow*
cos Liam	*William's foot*
cóta Néimhe	*Niamh's coat*

SURNAMES

The most common surnames in Irish are those introduced by Ó and Mac.
The most frequently used forms of masculine and feminine surnames are the
vocative and genitive forms.

A few examples of Ó and Mac surnames, masculine and feminine, in the
various cases will illustrate their treatment:

Masculine	Feminine
Seán Ó Briain	*Máire Ní Bhriain*
a Sheáin Uí Bhriain! **voc.**	*a Mháire Ní Bhriain!* **voc.**
teach Sheáin Uí Bhriain **gen.**	*teach Mháire Ní Bhriain* **gen.**
Peadar Ó hAodha	*Máire Ní Aodha*
a Pheadair Uí Aodha! **voc.**	*a Mháire Ní Aodha!* **voc.**
teach Pheadair Uí Aodha **gen.**	*teach Mháire Ní Aodha* **gen.**
Peadar Mac Coinnigh	*Máire Nic Coinnigh*
a Pheadair Mhic Coinnigh! **voc.**	*a Mháire Nic Coinnigh!* **voc.**
teach Pheadair Mhic Coinnigh **gen.**	*teach Mháire Nic Coinnigh* **gen.**

Ó does not affect a following consonant but prefixes h to vowels.
Uí and Ní do not affect a following vowel but lenite a following consonant.
Nic and Mhic do not affect a following vowel but lenite a following
consonant (except c and g).

NOTE: the following usage with titles:

an Dochtúir Ó Briain	an Dochtúir Seán Ó Briain
teach **an Dochtúra** Uí Bhriain **gen.**	teach **an Dochtúra** Seán Ó Briain **gen.**
a Dhochtúir Uí Bhriain! **voc.**	a Dhochtúir Seán Ó Briain! **voc.**

When one wants to refer to someone by surname, without using a title or
forename e.g. O'Brien, the MacMahons, one common way of doing this is
to use a special form of the surname, usually preceded by the definite article.
To get this form, add - (e)(a)ch / - och sg. to the nominative form of those
surnames which are preceded by Ó or Mac with necessary adjustments where
required:

Ó Conaire	→	an Conaireach
Ó Cadhain	→	an Cadhnach
Ó Muircheartaigh	→	an Muircheartach

The same formation is used with surnames ending in - éir / - éil or preceded by de except that the de is dropped and broadening of the final consonant usually occurs:

de Brún	→	an Brúnach
de Buitléir	→	an Buitléarach
Ruiséil	→	an Ruiséalach
Rís	→	an Ríseach

Those surnames which are preceded by nothing and have an adjectival ending undergo no change:

Breathnach	→	an Breathnach
Caomhánach	→	an Caomhánach

DAYS OF THE WEEK

an Luan	*Monday*	Dé Luain
an Mháirt	*Tuesday*	Dé Máirt
an Chéadaoin	*Wednesday*	Dé Céadaoin
an Déardaoin	*Thursday*	Déardaoin
an Aoine	*Friday*	Dé hAoine
an Satharn	*Saturday*	Dé Sathairn
an Domhnach	*Sunday*	Dé Domhnaigh

NOTE: Dé is **always** followed by the genitive case, is **never** lenited and is incorporated into the noun in the case of Déardaoin.

Usage:

Preceded by **article**: when simply listing days: an Luan, an Mháirt:

ar **an** Luan	*on a / the Monday, on Mondays*
inniu **an** Luan	*today is Monday*
an Luan ina dhiaidh sin	*the following Monday*

Preceded by Dé: (*on* is understood):

Dé Luain (seo chugainn / seo caite / seo a chuaigh thart)
(*on*) *Monday* (*next* / *last*)

ar maidin **Dé** Luain	*on Monday morning*
oíche **Dé** Céadaoin	*on Wednesday night*

Without **article** or Dé:

fan go Céadaoin	*wait until Wednesday*
oíche Chéadaoin	*Wednesday night*
Luan Cásca	*Easter Monday*
Aoine (an) Chéasta	*Good Friday*
ó Luan go Domhnach	*from Monday until Sunday*

NOTE: it can be seen from the above that there can sometimes be an overlap of usage.

MONTHS OF THE YEAR

Eanáir **m**	*January*	mí Eanáir
Feabhra **f**	*February*	mí Feabhra
Márta **m**	*March*	mí **an** Mhárta
Aibreán **m**	*April*	mí Aibreáin
Bealtaine **f**	*May*	mí **na** Bealtaine
Meitheamh **m**	*June*	mí **an** Mheithimh
Iúil **m**	*July*	mí Iúil
Lúnasa **m**	*August*	mí Lúnasa
Meán Fómhair **m**	*September*	mí Mheán Fómhair
Deireadh Fómhair **m**	*October*	mí Dheireadh Fómhair
Samhain **f**	*November*	mí **na** Samhna
Nollaig **f**	*December*	mí **na** Nollag

NOTE: *March, May, June, November* and *December* have attracted the **definite article** when used in the genitive case above.

Dates written in English as: *1st January*, *4th May* etc. are translated in Irish as: 1 Eanáir, 4 Bealtaine. The name of the month remains unaffected. It is not necessary to include ú after the number except in statutory instruments:

an 2ú lá seo de Bhealtaine, 2004

PLACE-NAMES

COUNTRIES, CONTINENTS

Éire f	*Ireland*	muintir na hÉireann
Albain f	*Scotland*	muintir na hAlban
Sasana m	*England*	muintir Shasana
an Bhreatain Bheag f	*Wales*	muintir na Breataine Bige

NOTE: Ireland and Scotland have attracted the definite article when used in the genitive case above. The definite article is not used with these countries in any other case.

An Fhrainc f	*France*
An Eoraip f	*Europe*
An Ghearmáin f	*Germany*
An Afraic f	*Africa*
An Spáinn f	*Spain*
An Rúis f	*Russia*
An Iodáil f	*Italy*
Meiriceá m	*America*
An Ísiltír f	*Netherlands*
Na Stáit Aontaithe m.pl.	*The United States*
An Danmhairg f	*Denmark*

NOTE: the names of most countries and continents are feminine and most of them are preceded by the definite article in all instances.

PROVINCES, COUNTIES, CITIES AND TOWNS

cúige Chonnacht	*(the province of)* Connaught
cúige Laighean	*(the province of)* Leinster
cúige Mumhan	*(the province of)* Munster
cúige Uladh	*(the province of)* Ulster

cúige m	gs.	~	~ pl.	-	gí	*province*
contae m	gs.	~	~ pl.	-	tha	*county*
cathair f	gs.	- thrach	~ pl.	- thracha		*city*

203

Cúige Chonnacht:

Contae na Gaillimhe — *County Galway*
Contae Liatroma — *County Leitrim*
Contae Mhaigh Eo — *County Mayo*
Contae Ros Comáin — *County Roscommon*
Contae Shligigh — *County Sligo*

Cúige Laighean:

Contae Bhaile Átha Cliath — *County Dublin*
Contae Cheatharlach — *County Carlow*
Contae Chill Chainnigh — *County Kilkenny*
Contae Chill Dara — *County Kildare*
Contae Chill Mhantáin — *County Wicklow*
Contae na hIarmhí — *County Westmeath*
Contae Laoise — *County Laois*
Contae Loch Garman — *County Wexford*
Contae an Longfoirt — *County Longford*
Contae Lú — *County Louth*
Contae na Mí — *County Meath*
Contae Uíbh Fhailí — *County Offaly*

Cúige Mumhan:

Contae Chiarraí — *County Kerry*
Contae an Chláir — *County Clare*
Contae Chorcaí — *County Cork*
Contae Luimnigh — *County Limerick*
Contae Phort Láirge — *County Waterford*
Contae Thiobraid Árann — *County Tipperary*

Cúige Uladh:

Contae Aontroma — *County Antrim*
Contae Ard Mhacha — *County Armagh*
Contae an Chabháin — *County Cavan*
Contae Dhoire — *County Derry*
Contae an Dúin — *County Down*
Contae Dhún na nGall — *County Donegal*
Contae Fhear Manach — *County Fermanagh*
Contae Mhuineacháin — *County Monaghan*
Contae Thír Eoghain — *County Tyrone*

Some place-names counties, cities, towns, rivers are always preceded by the definite article:

an Daingean	*Dingle*
an Ómaigh	*Omagh*
an tSionainn	*the Shannon*
an Cabhán	*Cavan*
na Gleannta pl.	*Glenties*

Some place-names are preceded by the definite article only in the genitive case:

Gaillimh	*Galway*
muintir na Gaillimhe	*the people of Galway*

NOTE: contae and cathair are both followed by lenition and the genitive case where applicable. Nouns or adjectives denoting nationality or other relationship with continents, countries, provinces and sometimes counties and towns are often formed from the names of the places (often with certain adjustments to the ending of the place-names), *always* end in - (e)(a)ch / - och and, where a noun is involved, are **masculine**.

Adjectives		Nouns
Irish	Éireannach	*an Irish person*
French	Francach	*a French person*
Spanish	Spáinneach	*a Spaniard*
English	Sasanach	*an English person*
European	Eorpach	*a European*
Asian	Áiseach	*an Asian*
Ulster	Ultach	*an Ulster person*
Munster	Muimhneach	*a Munster person*
Galway	Gaillmheach	*a Galway person*
Kerry	Ciarraíoch	*a Kerry person*

THE GENITIVE CASE OF PLACE-NAMES

If the place-name is preceded by the definite article, the normal rules for a definite noun in the genitive case apply:

an tImleach Mór	→ gs.	pobal an Imligh Mhóir
na Gleannta	→ gpl.	pobal na nGleanntach
an Rinn	→ gs.	pobal na Rinne
an Chill Mhór	→ gs.	pobal na Cille Móire

PREFIXES

Prefixes are affixed to words nouns, adjectives and verbs in order to change or modify their meaning.

Some prefixes are used to negate the original meaning:

meas	*respect*	dímheas	*disrespect*
aontas	*union*	easaontas	*disunion*
clú	*reputation*	míchlú	*bad reputation*

Some prefixes are used to emphasise or intensify the original meaning:

maith	*good*	an-mhaith	*very good*
moladh	*praise*	ardmholadh	*great praise*
bocht	*poor*	fíorbhocht	*very poor*

Some prefixes are used to convey the meaning *reasonable, moderately, somewhat:*

sláinte	*health*	breacshláinte	*fair health*
meisce	*inebriation*	bogmheisce	*slight inebriation*

Other prefixes are used to translate very specific meanings:

ban	*female*	bantiarna	*lady* (i.e. *female lord*)
rí	*king*	rítheaghlach	*royal household*

NOTE: these prefixes usually lenite the initial consonant of the word to which they are affixed except when the prefix ends in d, n, t, l, s and the following word starts with d, t, s:

an-duine	seanduine	bantiarna	indéanta
caoldroim	ardtráthnóna	íosteocht	

Some prefixes have their final consonants made **broad** or **slender** depending on the quality of the initial of the following word:

anaithnid	but	aineolach
deaslámhach	but	deisbhéalach

Some prefixes undergo other changes depending on the final quality of the prefix and the initial quality of the following word:

atitim	=	ath + thitim (-th + th- ➔ t)
cónasc	=	comh + nasc (comh + n- ➔ có(i))
dúbhuí	=	dubh + bhuí
		(dubh ➔ dú except before vowel & fh + vowel)

Common Intensive Prefixes an-, sean- and ró-

an- meaning *very, great* is prefixed to nouns or adjectives.
sean- meaning *old, great* is prefixed to nouns, adjectives and verbs.
ró- meaning *over, too,* is prefixed to nouns, adjectives and verbs.

There is always a hyphen between an- and the following word.
It lenites except in case of d, t, s.

There is usually no hyphen between sean- and the following word.
It lenites except in case of d, t, s.

There is no hyphen after ró- except when the following wor d begins with a vowel. It lenites.

Examples:

an-mhaith	*very good*	an-ghaofar	*very windy*
an-fhear	*a great man*	an-lá	*a great day*
an-dána	*very bold*	an-tine	*a great fire*
seanbhean	*an old woman*	seandícheall	*best effort*
seanchaite	*antiquated*	seanaois	*old age*
ródhóchas	*presumption*	róghearr	*over-cut* vb.
róbheag	*too small*	ró-íseal	*too low*

Exceptions are:

sean-aintín	sean-Ghall
sean-am	sean-ghaineamhchloch
sean-ancaire	sean-nós
sean-ard	sean-Samhain
sean-Bhealtaine	sean-Tiomna

IDIOMS

IDIOMS INVOLVING SUBSTANTIVE VERB + PREPOSITIONAL PHRASE

tá amhras orm	*I am doubtful*
tá áthas ort	*you are happy*
tá bród air	*he is proud*
tá brón uirthi	*she is sorry*
tá deifir orainn	*we are in a hurry*
tá éad oraibh	*you* pl. *are jealous*
tá eagla orthu	*they are afraid*
tá faitíos orm	*I am afraid*
tá fearg ort	*you are angry*
tá imní air	*he is worried*
tá iontas uirthi	*she is surprised*
tá náire orainn	*we are ashamed*
tá ocras oraibh	*you* pl. *are hungry*
tá tart orthu	*they are thirsty*
tá tinneas orm	*I am sick*
tá a fhios agam	*I know*
tá barúil agat	*you have an idea*
tá dúil aige	*he likes*
tá súil aici	*she hopes*

IDIOMS INVOLVING COPULA AND PREPOSITIONAL PHRASE

is aoibhinn liom	*I love*
is breá leat	*you like, you love*
is ceart dó	*he should, it is right for him*
is cóir di	*she should, it is right for her*
is deacair linn	*we find it difficult*
is féidir libh	*you* pl. *can*
is maith leo	*they like*
is mian liom	*I wish* (*to*) / *I intend* (*to*)
is oth leat	*you regret*

BLESSINGS, FAREWELLS, GREETINGS
AND OTHER OCCASIONAL SAYINGS

It has long been recognised that the Irish language is particularly rich in formal blessings, greetings, curses etc., which are used on every possible occasion. Many of them illustrate a strong religious origin and, for that reason, cannot be easily translated. The following is a list of the most common and the occasions when they are used. In many instances, the verb which expresses the wish is dropped in colloquial speech for the sake of brevity.

When one meets someone, the form of address generally used is:

> (go mbeannaí) Dia *duit sg. / * daoibh pl. !
> *Hello!*   lit. (*May*) *God bless you!*
>
> bail ó Dhia ort!
> *God prosper you!*

* NOTE: in speech this initial d is pronounced as if it were lenited.

The reply to this greeting is generally:

> (go mbeannaí) Dia is Muire *duit sg. / * daoibh pl. !
> *Hello!* lit. (*May*) *God and Mary bless you!*
>
> gurab é duit!   *the same to you!*

When entering a house/place, the entering address can be any of the following:

(go mbeannaí) Dia anseo!	*God bless (all) here!*
bail ó Dhia anseo!	*God bless (all) here!*
Dia sa teach!	*God bless all in this house!*

When departing, the farewell directed at those remaining is:

> slán **agat** sg. / **agaibh** pl. !   *Good-bye!*

The farewell directed at those departing is:

> slán **leat** sg. /   slán **libh** pl. !   *Good-bye!*

The normal greeting directed at someone engaged in work is:

bail ó Dhia ar an obair!   *God bless the work!*

General greetings or expressions of goodwill include:

sláinte (mhór) / seo do shláinte /
sláinte agus saol (chugat)!
health (and long life) to you! / Cheers!

nár lagaí Dia thú / sibh!	*more power to you!*
ádh mór ort / oraibh!	*good luck to you!*
go n-éirí an t-ádh leat!	*good luck be with you!*
go soirbhí Dia duit / daoibh!	*I wish you Godspeed!*
Dia liom / leat / linn!	*God bless me / you / us!*
go ngnóthaí Dia duit / daoibh!	*may God prosper you!*
	- saying goodbye to someone
rath Dé ort / rath ó Dhia ort /	*God prosper you!*
go gcuire Dia (an) rath ort / oraibh!	

The greeting expressed to someone who has just acquired/purchased something which is new to him / her e.g. a car, a suit, a distinction:

go maire tú (is go gcaithe tú) é!   *may you live to enjoy (and wear) it!*

Other sayings or expressions include:

beannacht Dé ort / oraibh!	*God bless you!*
beannacht Dé leat / libh!	*God speed you!*
Dia ár sábháil!	*God save us!*
le do thoil / más é do thoil é	*please / if you please*
go raibh maith agat / agaibh!	*thank you!*

The reply to this last expression of thanks is:

go ndéana a mhaith duit / daoibh!   *you are welcome!*

The expression used on hearing of a death is:

go ndéana Dia a mhaith air!   *(may) God rest his soul!*

The normal English greeting *How are you?* is rendered in the various Irish dialects as follows:

Cad é mar tá tú?	Ulster
Cén chaoi a bhfuil tú?	Connaught
Conas tá tú?	Munster

There are even further variations of the above in the various dialects.

Answer:

tá mé go maith, slán a bheidh / *I am fine, thanks*
bheas tú

Other popular phrases include:

fáilte romhat!	*you are welcome!*
céad míle fáilte romhat!	*a hundred thousand welcomes to you!*
buíochas do Dhia / le Dia!	*thanks be to God!*

FÉIN

When féin is used after pronouns, prepositional pronouns, nouns or verbs, it means '-self / -selves.'

mé féin / tú féin	*myself / yourself*
í féin a rinne é	*she herself did it*
tá a fhios acu féin é	*they themselves know it*
dúirt sí féin é	*she herself said it*
tabhair dóibh féin é	*give it to themselves*
an gasúr féin a d'ith é	*the boy himself ate it*
déanfaimid féin é	*we ourselves will do it*

Féin never undergoes any change.

When féin is preceded by a possessive adjective + noun, it means *own*:

mo chlann féin	*my own family*
i mo theach féin	*in my own house*
trí mo choir féin	*through my own fault*
is é mo bharúil féin	*it is my own opinion*

When used adverbially, it means *even*, *only*:

má thagann sé anois féin	*if he comes even now*
má tá an t-airgead féin aige	*even if he has the money*
ag Dia féin atá a fhios	*God only knows*
dá ndéarfaí sin féin liom	*if I were only told that*

CUID

By itself cuid is a feminine noun meaning *a part*, *portion* or *share*.

When used in conjunction with the simple preposition de it translates *a part of*, *some of*:

cuid den obair	*some of the work*
cuid de na daoine	*some of the people*
cuid den am	*some of the time*
cuid den airgead	*some of the money*

NOTE: to translate *some of* + pron., use cuid + correct prepositional pronoun form of ag:

cuid againn / acu	*some of us / them*

When preceded by a possessive adjective and followed by the genitive case, it serves as a form of possessive adjective:

mo chuid oibre	*my work*
do chuid éadaigh	*your clothes*
a gcuid airgid	*their money*
do chuid cainte	*your talk*
bhur gcuid ama	*your* pl. *time*

NOTE: with *some* nouns, one may not use the poss. adj. alone but the poss. adj. + cuid:

mo chuid airgid	*my money*

GO LEOR

This phrase, meaning *enough*, *plenty*, *a lot of* can be used alone, before or after a noun*, after an adjective etc:

fada go leor	*long enough*
óg go leor	*young enough*
go leor oibre *	*enough* / *a lot of work*
go leor ama *	*enough* / *a lot of time*
airgead go leor	*enough money*
tá go leor déanta	*enough* / *a lot is done*

* NOTE: when a noun follows go leor, it is in the gen. case.

WAYS OF TRANSLATING TO KNOW

When one wishes to say that one knows someone or is acquainted with someone, the construction is as follows:

tá aithne ag *A* ar *B*	*A knows B*
tá aithne mhaith agam ar Sheán	*I know John well*

When one wishes to say that one knows a language or how to perform certain skills, the construction is as follows:

tá Gaeilge / Béarla / Fraincis agam	*I know Irish / English / French*
tá snámh agam	*I know how to swim*

When one simply wants to say that one knows something in general, the usual construction is:

substantive verb + poss. adj. a 3rd sg. masc. leniting + fhios + ag:

tá a fhios agam sin	*I know that*
an bhfuil a fhios agat go bhfuil sé tinn?	*do you know that he is sick?*
níl a fhios aige aon rud faoi sin	*he knows nothing about that*

When one wishes to say that one knows or has detailed knowledge of something, the construction commonly used is:

tá eolas ag A ar rud éigin	*A knows something*
tá eolas ar an gcineál sin oibre agam	*I know that kind of work*
an bhfuil aon eolas ar an gcathair agat?	*do you know the city at all?*

The construction: tá mé eolach ar an gcineál sin oibre / an bhfuil tú eolach ar an gcathair? can be used as well.

ABSTRACT NOUNS FORMED
FROM ADJECTIVES

Many abstract nouns have one form which is the same as the comparative/superlative form = gen. sing. fem. form, usually of the adjective from which it is formed:

díreach	→	dírí
géar	→	géire
gorm	→	goirme
dubh	→	duibhe
cóir	→	córa

is ionadh liom **a dhírí** atá an bóthar seo	*I am surprised at how straight this road is*
dá ghéire an scian is amhlaidh is éifeachtaí í	*the sharper the knife is, the more effective it is*
is cuma liom **a ghoirme** atá an spéir	*I don't care how blue the sky is*

Many other abstract nouns have two forms, one of which is the same as the comparative/superlative form = gen. sing. fem. form, usually of the adjective from which it is formed and the other is that same comparative/superlative form with endings, *usually*, - (a)cht / - ocht suffixed:

fearúil	→	fearúlacht
uasal	→	uaisleacht
misniúil	→	misniúlacht
calma	→	calmacht
te	→	teocht

Many abstract nouns have the form which is the same as the gen. sing. fem. form of the adjective from which it is formed to which is added the endings - (a)s:

maith	→	maitheas
crua	→	cruas
binn	→	binneas

Some abstract nouns have completely irregular forms and the most common of these are:

beag	→	laghad
fada	→	fad
iomaí	→	liacht
maith	→	feabhas
mór	→	méad

YES AND NO IN IRISH

Unlike English and many other languages, there are no simple words in Irish for yes and no which can be used in every context. In Irish, to translate these one normally repeats the positive (to express yes) or negative (to express no) form of the verb used in asking the question except in the case of the copula:

an rachaidh tú ann?	rachaidh / ní rachaidh
will you go there?	*yes / no*
ar cheannaigh sé é?	cheannaigh / níor cheannaigh
did he buy it?	*yes / no*
nach bhfuil sé ann?	tá / níl
isn't he there?	*yes / no*
nach n-itheann siad úlla?	itheann / ní itheann
don't they eat apples?	*yes / no*
an dtiocfá liom?	thiocfainn / ní thiocfainn
would you come with me?	*yes / no*
an imríonn sibh peil?	imrímid / ní imrímid
do you play football?	*yes / no*
an gcónaíonn tú anseo?	cónaím / ní chónaím
do you live here?	*yes / no*

If the verb used in the answer to express yes/no has a special synthetic form, that is the form which is normally used. If not, the analytic form **without** a **pronoun** is used.

NOTE: the copula is one verb which can never stand alone to translate **yes/no**:

an maith leat tae?	is maith / ní maith
do you like tea?	*yes / no*
nach cuimhin leat sin?	is cuimhin / ní cuimhin
don't you remember that?	*yes / no*

NOTE: the following examples with the copula which always require a pronoun (é / í / ea / iad) in the reply in the following contexts:

an múinteoir é (Seán)?	is ea / ní hea
is he (John) a teacher?	*yes / no*
an ceoltóir (maith) í?	is ea / ní hea
is she a (good) musician?	*yes / no*
nárbh amhránaithe maithe iad?	ba ea / níorbh ea
weren't they good singers?	*yes / no*
bean mhaith is ea í, nach ea?	is ea / ní hea
she is a good woman, isn't she?	*yes / no*
an é Seán an múinteoir?	is é / ní hé
is John the teacher?	*yes / no*
arbh í Máire an t-amhránaí?	ba í / níorbh í
was Mary the singer?	*yes / no*
an doras é sin?	is ea / ní hea
is that a door?	*yes / no*
an fuinneog í sin?	is ea / ní hea
is that a window?	*yes / no*

WAYS OF TRANSLATING CAN, BE ABLE
[ABILITY, CAPABILITY]

The set phrase in ann used with the substantive verb bí can often translate *can, be able*:

tá mé **in ann** an obair a dhéanamh	*I can do the work*
tá Seán **in ann** aire a thabhairt dó féin	*John is able to look after himself*

The word ábalta used with the substantive verb bí can often translate *can, be able*:

tá mé **ábalta** an obair a dhéanamh	*I can do the work*
tá Seán **ábalta** an chloch a thógáil	*John is able to lift the stone*

Variations of the phrase tagann le / tig le followed by the appropriate subject can often translate *can, be able*:

ní **thig liom** siúl go díreach	*I cannot walk straight*
ní **thiocfadh le** Seán é sin a dhéanamh	*John would not be able to do that*

The word féidir used with the **copula** and often le + subject can be used to translate *can, be able* veering towards *possibility*:

is **féidir** é sin a dhéanamh gan mhoill	*that can be done without delay*
is **féidir** é sin a chruthú go héasca	*that can easily be proved*
is **féidir** liom é sin a dhéanamh	*I can do that*

When one wishes to express that one can read/write a language or is able to perform certain skills, the construction is as follows:

tá Gaeilge / Béarla / Fraincis agam	*I can speak / write Irish / English / French*
tá snámh agam	*I can swim*
tá radharc na súl agam	*I can see*

WAYS OF TRANSLATING MUST, HAVE TO
[NECESSITY, OBLIGATION]

One can use the substantive verb bí with appropriate tense followed by the appropriate form of the preposition ar to translate *must, have to*:

tá orm imeacht	*I have to go*
bhí ar na páistí dul a luí go luath	*the children had to go to bed early*
ní bheidh uirthi íoc as an mbéile	*she will not have to pay for the meal*

The auxiliary verb caith (used almost entirely in the present and future tenses) is used to translate *must, have to*:

caithfidh tú fanacht anseo	*you must remain here*
caithfidh siad an doras a dhúnadh ina ndiaidh	*they must close the door after them*

The phrase ní mór with appropriate tense followed by the appropriate form of the preposition do (where subject is required) is used to translate *must, have to*:

ní mór dóibh an madra a choinneáil sa teach
they have to keep the dog in the house

ní mór do dhuine a bheith cúramach
one must be careful

The phrase is éigean with appropriate tense followed by the appropriate form of the preposition do (where subject is required) is used to translate *must, have to*:

b'éigean dó imeacht go luath	*he had to leave early*
is éigean dom an obair a dhéanamh anois	*I have to do the work now*

NOTE: many of the above constructions are interchangeable.

TIME

When designating units of time, the cardinal numbers are used:

1	a haon a chlog	*one o'clock*
2	a dó a chlog	*two o'clock*
3	a trí a chlog	*three o'clock*
4	a ceathair a chlog	*four o'clock*
5	a cúig a chlog	*five o'clock*
6	a sé a chlog	*six o'clock*
7	a seacht a chlog	*seven o'clock*
8	a hocht a chlog	*eight o'clock*
9	a naoi a chlog	*nine o'clock*
10	a deich a chlog	*ten o'clock*
11	a haon déag a chlog	*eleven o'clock*
12	a dó dhéag a chlog	*twelve o'clock*

tá sé a trí a chlog anois   *it is three o'clock now*
tháinig sé **ag** / **ar** a cúig (a chlog)   *he came at five o'clock*

NOTE: one can use either ag or ar to translate the English *at* when referring to time.

As in English, the a chlog meaning *o'clock* may be omitted:

ceathrú chun / go dtí a cúig   *a quarter to five*
leathuair tar éis / i ndiaidh a sé   *half past six*
cén t-am é / cad é an t-am atá sé?   *what time is it?*
beidh mé ann ar maidin   *I'll be there in the morning*
tháinig sí tráthnóna   *she came in the evening*
bhí siad ann aréir   *they were there last night*
ar an meán oíche   *at midnight*
um nóin   *at noon*
um thráthnóna   *in the evening*

NOTE: more adverbs of time.

cén uair a d'imigh sibh?   *when did you leave?*
cén lá atá ann?   *what day is it?*
cén bhliain a rugadh í?   *what year was she born?*

NOTE: for information on what type of clause follows designations of time, consult section on relative clauses in this grammar.

SIMILES

chomh haoibhinn le lá samhraidh
chomh haosta leis an gceo
chomh haigeanta le meannán gabhair
chomh haerach le gealbhan
chomh bán le bainne
chomh beo le breac
chomh bodhar le cloch
chomh bréagach leis an diabhal
chomh binn le cláirseach
chomh buí le buachalán
chomh ciúin le luch
chomh cosúil le dhá scadán
chomh crua le hadharc reithe
chomh cíortha le ceann sagairt
chomh cruinn le fáinne
chomh caol le ribe do chinn
chomh croíúil le fuiseog
chomh domhain leis an bhfarraige
chomh dubh le súiche
chomh dearg le fuil
chomh deas le bláth
chomh díonmhar le buidéal
chomh do-mharaithe le cat
chomh héadrom le cleite
chomh heolach le saoi
chomh fabhtach leis an bhfarraige
chomh fada le lá samhraidh
chomh fairsing le seangáin
chomh fiáin le fia
chomh flúirseach le gaineamh na trá
chomh falsa le hasal
chomh foighneach le cat
chomh folamh le feadóg
chomh folláin le bradán
chomh fuar le sioc
chomh fíor leis an soiscéal
chomh geal leis an sneachta
chomh gasta leis an ngaoth
chomh géar le creamh
chomh glic le fear dlí
chomh glan le huisce
chomh goirt leis an bhfarraige
chomh hionraic leis an ngrian

chomh hinnealta le bean iarla
chomh láidir le capall
chomh ligthe le cú
chomh lán le teach faire
chomh luath le giorria
chomh lúfar le breac
chomh macánta le haingeal
chomh marbh le corp
chomh milis le mil
chomh mín le síoda
chomh neamhchoireach le leanbh baiste
chomh nádúrtha le huisce an tsrutháin
chomh pollta le gráta
chomh ramhar le muc
chomh righin le seanasal
chomh saothrach le beach
chomh sásta le píobaire
chomh sean leis na cnoic
chomh searbh le searbhán
chomh sleamhain le heascann
chomh stuama le sagart
chomh suaimhneach le reilig
chomh te le tine
chomh tiubh le clocha sneachta
chomh tirim le snaois
chomh huasal le rí